中國學術思想變遷之大勢

梁 啓 超 著

中 華 書 局 印 行

中國學術思想變遷之大勢

目錄

中國學術思想變遷之大勢

總論

學術思想之在一國猶人之有精神也而政事法律風俗及歷史上種種之現象則其形質也故欲覘其國文野强弱之程度如何必於學術思想焉求之

立於五洲中之最大洲而為其洲中之最大國者誰乎我中華也人口居全地球三分之一者誰乎我中華也四千餘年之歷史未嘗一中斷者誰乎我中華也我中華有四百兆人公用之語言文字世界莫能及（據一千九百年之統計歐洲各國語之通用以英為最廣猶不過一百十二兆人耳較吾華文僅有四分之一也印度人雖多而其語言文字糅雜殊甚中國雖南北閩粵其語異殊至其大致則一也此事為將來一大問題別有文論之）我中華有三十世紀前傳來之古書世界莫能及（墳典索邱其書不傳姑勿論即如尚書已起於三千七八百年以前夏代史官所記載今世界所稱古書如摩西之舊約全書約距今三千五百年婆羅門之四章陀論亦然希臘和馬耳之詩歌約在二千八九百年前門梭之埃及史約在二千三百年前皆無能及尚書者若夫二千五百年以上之書則我中國今傳者尚十餘種歐洲乃無一也此真我國民可以自豪者）西人稱世界文明之祖國有五曰中華曰印度曰安息曰埃及曰墨西哥然彼四地者其國亡其文明與之俱亡今試一游其墟但有摩訶末遺裔鐵騎蹂躪之跡與高加索强族金粉歌舞之場耳而我中華者屹然獨立繼繼繩繩增長光大以迄今日此後且將匯萬流而劑之合一爐而冶之於戲美哉我國於戲偉大哉我國民吾當草此論之始吾不得不三薰三沐仰天百拜謝其生我於此至美之國而為此偉大國民之一分子也

深山大澤而龍蛇生焉取精多用物宏而魂魄强焉此至美之國至偉大之國民其學術思想所磅礴鬱積又豈彼崎嶇山谷中之獷族生息彈丸上之島夷所能夢見者故合世界史通觀之上世史時代之學術思想我中華第一也（泰西雖有希臘梭格拉底亞里士多德諸賢然安能及我先秦諸子）中世史時代之學術思想我中華第一也（中世史時代我國之學術思想雖稍衰然歐洲更甚歐洲所得者惟基督教及羅馬法耳自餘則暗無天日歐洲以外更不必論）惟近世史時代則相形之下吾汗顏矣雖然近世史之前途未有艾也又安見此偉大國民不能恢復乃祖乃宗所處最高尙最榮譽之位置而更執牛耳於全世界之學術思想界者吾欲草此論吾之熱血如火如焰吾之希望如海如潮吾不自知吾氣焰之何以溢涌吾手足之何以舞蹈也於戲吾愛我祖國吾愛我同胞之國民

生此國爲此民享此學術思想之恩澤則歌之舞之發揮之光大之繼長而增高之吾輩之責也而至今未聞有從事於此者何也凡天下事必比較然後見其眞無比較則非惟不能知己之所短並不能知己之所長前代無論矣今世所稱好學深思之士有兩種一則徒爲本國學術思想界所窘而於他國者未嘗一涉其樊也一則徒爲外國學術思想所眩而於本國者不屑一屑其意也夫我界旣如此其博大而深賾也他界復如此其燦爛而蓬勃也非竭數十年之力於彼乎於此乎一一擷其實咀其華融會而貫通焉則雖欲歌舞之烏從而歌舞之區區小子於四庫著錄十未睹一於他國文字初問津焉爾夫何敢搖筆弄舌從事於先輩所不敢從事者雖然吾愛我國吾愛我國民吾不能自已吾姑就吾所見及之一二雜寫之以爲吾將來硏究此學之息壤流布之以爲吾同志硏究此學者之篳路藍縷天如假我數十年乎我同胞其有聯袂而起者乎佇看近世史中我中華學術思想之位置何如矣

且吾有一言。欲爲我青年同胞諸君告者。自今以往二十年中。吾不患外國學術思想之不輸入。吾惟患本國學術思想之不發明。夫二十年間之不發明。於我學術思想必非有損也。雖然。凡一國之立於天地。必有其所以立之特質。欲自善其國者不可不於此特質焉淬厲之而增長之今正過渡時代蒼黃不接之餘。諸君如愛國也。欲喚起同胞之愛國心也。於此事必非可等閑視矣。不然。脫崇拜古人之奴隸性而復生出一種崇拜外人蔑視本族之奴隸性。吾懼其得不償失也。且諸君皆以輸入文明自任者也。凡教人必當因其性所近而利導之。就其已知者而比較之。則事半功倍焉。不然。外國之博士鴻儒亦多矣。顧不能有裨於我國民者何也。相知不習。而勢有所扞格也。若諸君而吐棄本國學問不屑從事也。則吾國雖多得百數十之達爾文約翰彌勒赫胥黎斯賓塞。吾懼其於學界一無影響也。故吾草此論。非欲附益我國民妄自尊大之性。蓋區區微意亦有不得已焉者爾。

今於造論之前。有當提表者數端。

吾欲畫分我數千年學術思想界爲七時代。一胚胎時代。春秋以前是也。二全盛時代。春秋末及戰國是也。三儒學統一時代。兩漢是也。四老學時代。魏晉是也。五佛學時代。南北朝唐是也。六儒佛混合時代。宋元明是也。七衰落時代。近二百五十年是也。八復興時代。今日是也。其間時代與時代之相嬗。界限常不能分明。非特學術思想有然。即政治史亦莫不然也。一時代中或含有過去時代之餘波與未來時代之萌蘗。則舉其重者也。其理由於下方詳說之。

吾國有特異於他國者一事。曰無宗教是也。淺識者或以是爲國之恥。而不知是榮也。非辱也。宗教者。於人羣幼稚時代雖頗有效。及其既成長之後。則害多而利少焉。何也。以其阻學術思想之自由也。吾國民食先哲之福。不以宗教之臭味混濁我腦性。故學術思想之發達。常優勝焉。不見夫佛教之在印度在西藏在蒙古在緬甸暹羅。恆抱持其小乘之迷信。獨其入中國。則光大其大乘之理論乎。不見夫景教入中國數百年而上流人士從之者希乎。故吾今者但求吾學術之進步思想之統一。（統一者謂全國民之精神非擯斥異端之謂也）不必更以宗教之末法自縛也。生理學之公例。凡兩異性相合者。其所得結果必加良。（種植家常以梨接杏以李接桃牧畜家常以亞美利加之牡馬交歐亞之牝駒皆利用此例也男女同姓其生不蕃兩緯度不同之男女相配所生子必較聰慧皆緣此理）此例殆推諸各種事物而皆同者也。大地文明祖國凡五。各遼遠隔絕。不相溝通。惟埃及安息藉地中海之力。兩文明相遇。遂產出歐洲之文明。光耀大地焉。其後阿刺伯之西漸。十字軍東征。歐亞文明再交媾一度。乃成近世震天鑠地之現象。皆此公例之明驗也。我中華當戰國之時。南北兩文明初相接觸。而古代之學術思想達於全盛。及隋唐間與印度文明相接觸。而中世之學術思想放大光明。今則全球若比鄰矣。埃及安息印度墨西哥四祖國其文明皆已滅。故雖與歐人交而不能生新現象。蓋大地今日只有兩文明。一泰西文明。歐美是也。二泰東文明。中華是也。二十世紀。則兩文明結婚之時代也。吾欲我同胞張燈置酒。迓輪俟門。三揖三讓。以行親迎之大典。彼西方美人。必能為我家育甯馨兒以亢我宗也。

胚胎時代

中國種族不一。而其學術思想之源泉。則皆自黃帝子孫。（下文省稱黃族向用漢種二字今以漢乃後起一朝代不足冒我全族之名故改用此）來也。黃族起於西北。戰黃河流域之蠻族而勝之。寖昌寖熾。遂徧大陸。太古之事。搢紳先生難言焉。第弗深考。今畫春秋以前為胚胎時代。而此時代中復畫為小時代者四。其圖如下。

胚胎時代
- 第一黃帝時代
- 第二夏禹時代
- 第三周初時代
- 第四春秋時代

學術思想與歷史上之大勢其關係常密切上古之歷史至黃帝而一變至夏禹而一變至周初而一變至春秋而一變故文明精神之發達亦緣之以爲界焉黃帝之書著錄於漢書藝文志者二十餘種班氏既一一明揭其依託今所存素問內經等亦其一也黃帝時代其文學之發達不能到此位固無待言要其進步之信而有徵者四事曰制文字曰定曆象曰作樂律曰興醫藥是也黃帝四征八討東至海南至江西至流沙北逐葷粥蓋由經驗之廣交通之繁屢戰異種之民族而吸收之得智識交換之益故能一洗混沌之陋而爛然揚光華也及洪水之興下民顚頞全國現象生一頓挫禹抑洪水乘四載徧九洲經驗益廣交通益繁玄圭告成帝國乃立故中華建國實始夏后古代稱黃族爲華夏爲諸夏皆紀念禹之功德而用其名以代表國民也其時政治思想哲學思想皆漸發生禹貢之制度洪範之理想（洪範雖箕子所述其稱傳自神禹必非盡誣）皆爲三千年前精深博大之籍自禹以後垂千年黃族各部落並立休養生息逮於周初中央集權之勢益行菁華漸集於京師周公兼三王作官禮（近儒多攻周官爲僞書周官雖或有後人竄附然豈能一筆抹煞耶攻之者蓋有二弊一由過崇敎主視孔子以前之文明若無物焉二由不通人羣進化之公例見其中有許多制度不脫蠻野思想習俗者便以爲古聖人豈當有此皆有所眦而生迷因也）文王繫易而詩書亦爛然大完古代學術思想之精神條理於是乎粗備洎及春秋兼幷漸行列國盟會征伐交通益頻數南北兩思潮漸相混合磅礴鬱積斯達極點於是孔子生而全盛時代來矣

綜觀此時代之學術思想實爲我民族一切道德法律制度學藝之源泉約而論之蓋有三端一曰天道二曰人倫三曰天人相與之際是也而其所以能構成此思想者亦有二因一曰由於天然者蓋其地理之現象空界（即天然界近於地文學範圍者）之狀態能使初民（此名詞從侯官嚴氏譯謂古代最初之民族也）對於上天而生出種種之觀念也二曰由於人爲者蓋哲王先覺利導民族之特性因而以天事比附人事以爲羣利也請一一論次之

中國無宗教無迷信此就其學術發達以後之大體言之也中國非無宗教思想但其思想之起特早且常倚於切實故迷信之力不甚强而受益受敝皆少中國古代思想敬天畏天其第一著也其言天也與今日西教言造化主者頗近但其語圓通不似彼之拘墟迹象易滋人惑綜觀經傳所述以爲天者生人生物萬有之本原也（詩天生烝民書惟陰騭下民禮記萬物本乎天）天者有全權有活力臨察下土者也（詩皇矣上帝臨下有赫監觀四方求民之瘼又天監在下有命既集）天者有自然之法則以爲人事之規範道德之基本也（詩天生烝民有物有則書天叙有典天秩有禮）故人之於天也敬而畏之一切思想皆以此爲基焉各國之尊天者常崇之於萬有之外而中國則常納之於人事之中此吾中華所特長也中國文明起於北方其氣候嚴寒地味磽瘠得天較薄故其人無餘裕以馳心廣遠游志幽微專就尋常日用之問題悉心研究是以思想獨倚於實際凡先哲所經營想像皆在人羣國家之要務其尊天也目的不在天國而在世界受用不在未來而在現在是故人倫亦稱天倫人道亦稱天道記曰善言天者必有驗於人此所以雖近於宗教而與他國之宗教自殊科也

人羣進化第一期必經神權政治之一階級此萬國之所同也吾中國上古雖亦爲神權時代然與他國之神權又自有異他國之神權以君主爲天帝之化身中國之神權以君主爲天帝之雇役故尋常神權之國君主一言

一動。視之與天帝之自言自動等。中國不然。天也者。統君民而並治之也。所謂天秩天序天命天討。達於上下。無貴賤一焉。質而言之。則天道者。猶今世之憲法也。歐洲今世。君民同受治於法之下。中國古代。君民同受治於天之下。不過法實而有功。天遠而無效耳。但在邈古之世。而有此精神。不得不謂文明想像力之獨優也。泰西皆言君主無責任。（古代神權之無責任以其爲天帝之化身也今世立憲之無責任歸其責於大臣使人人不必有所顧忌得以課其功罪也過渡時代不得不然也）惟中國則君主有責任。責任者何。對於天而課其功罪也。日食彗見。水旱蝗螟。一切災異。君主實尸其咎。此等學說。以今日科學家之眼視之。可笑孰甚。而不知其有精義存焉也。其踐位也。薦天而受。其殂死也。稱天而謚。春秋所謂以天統君。蓋雖專制而有不能盡專制者存。此亦神權政體之所無也。不寧惟是。天也者。非能諄諄然命之者也。於是乎有代表之者。厥惟我民。書曰。天聰明。自我民聰明。天明畏。自我民明畏。又曰。天視自我民視。天聽自我民聽。又曰。天矜下民。民之所欲。天必從之。於是無形之天。忽變爲有形之天。他國所謂天帝化身者君主也。而吾中國所謂天帝化身者人民也。然則所謂天之秩序命討者。實無異民之秩序命討也。立法權在民也。所謂君主對於天而負責任者。實無異對於民而負責任也。司法權在民也。然則中國古代思想。其形質則神權也。其精神則民權也。（雖其法不立其效不覩然安可以責諸古代）當邃古之初。而有此非偉大之國民。其孰能與於斯。

古代各國皆行多神教。或有拜下等動物者。所在皆是。中國前古。雖亦多神。然所拜者。皆稍高尙而兼切於人事者也。天子祭天地。諸侯祭社稷。大夫祭五祀。天地之祭。幾於一神。尙矣。社稷者。切於農事者也。五祀者。門戶井竈中霤。皆關於日用飮食者也。吾國最初之文明。事事皆主實際。即此亦可以見之。且其中尤有最重特異者一事焉。曰尊先祖是也。吾國族制之發達最備。而保守之性質亦最强。故於祭天之外。祀祖爲重。所謂天神地祇人鬼。

凡稱鬼者皆謂先祖也。孔子謂夏道尊命。事鬼敬神而遠之。殷人尊神。率民而事神。先鬼而後禮。周人尊禮尙施事鬼敬神而遠之。言三代思想之變遷。於其事鬼神之間最注意焉。初民之特質則然也。尊祖之極。常以之與天並重。墨子天鬼並稱最多記曰萬物本乎天。人本乎祖。詩曰文王陟降在帝左右。書曰乃祖乃父丕乃告我高后曰作丕刑於朕孫迪高后丕乃崇降不祥。記曰郊祀后稷以配天。宗祀文王於明堂以配上帝。蓋常視其祖宗之權力幾與天並。此亦中國人與外國特異之點也。此等思想範圍數千年至今不衰。

要而論之。胚胎時代之文明以重實際爲第一義。重實際故重人事。其敬天也皆取以爲人倫之模範也。重實際故重經驗。其尊祖也皆取以爲先例之典型也。於是乎由思想發爲學術。其握學術之關鍵者有二職焉。

一曰祝。掌天事者也。凡人羣初進之時。政教不分。主神事者其權最重。埃及之法老猶太之祭司長見於舊約全書者皆司祝官也印度有四族婆羅門爲首剎利次之剎利帝王之族也婆羅門司祝之族也乃至波斯安息莫不皆然今西藏有坐牀喇嘛掌全國大政仍是此制歐洲自羅馬教皇興後其權常駕各國君主而上之而俄羅斯皇今猶兼希臘教皇之徽號其教務大臣柄權最重此實半開民族之通例也中國宗教之臭味不深。雖無以教權侵越政權之事。而學術思想。亦常爲祝之所掌焉。祝之分職亦有二。一曰司祀之祝。主代表人民之思想。以達之於天。而祈福祉者也。周官春官一篇皆此職之支與流裔也。魯侯與曹劌論戰。首稱犧牲玉帛之必信。隨侯將戰。楚首言牲牷肥腯粢盛豐備。蓋以爲祭祀之事與國家之安危大有關係焉。其他百事皆聽命於神不待言也。二曰司曆之祝。主揣摩天之思想。以應用於人事者也。三皇之時。命南正重司天以屬神。北正黎司地以屬民。堯典乃命羲和欽若昊天。曆象日月星辰。敬授民時。又曰在璿璣玉衡。以齊七政。蓋司曆之祝所主者。凡三事。一曰協時月正日以便民事也。二曰推終始五德以定天命也。堯典天之曆數在爾躬及後世言三代受命之符皆推其本於曆學後世言洪範五行言讖緯皆發源於此三曰占星象卜筮以決吉凶也。漢書藝文志九流略有陰陽家數術略有天文曆譜五行蓍龜雜占形法（古代之學術半屬此類）降及春秋。此術猶盛。如裨竈梓愼之流。皆以司祝之官。爲一時君相之顧問。而左傳一書。言卜筮休咎占驗災祥者。十居七八。後人不知人羣初進時之形狀。詫其支離誕妄。因以疑左氏之僞託。而不知胚胎時代。實以此爲學術思想之中心點也。讖緯亦然。緯書之爲眞僞。今無暇置辨。要之必起於春秋戰國時代。而爲古學術之代表。無可疑也。

二曰史。掌人事者也。吾中華旣天祖並重。而天志則祝司之。祖法則史掌之。史與祝同權。實吾華獨有之特色也。重實際。故重經驗。重經驗。故重先例。於是史職遂爲學術思想之所薈萃。周禮有大史小史左史右史內史外史。六經之中。若詩。（太史乘輶軒所采）若書。若春秋。（漢志稱左史記言右史記事事爲春秋言爲尚書）皆史官之所職也。若禮若樂。亦史官之支裔也。故欲求學者。不可不於史官。周之周任史佚也。楚之左史倚相也。老聃之爲柱下史也。孔子適周而觀史記也。就魯史而作春秋也。蓋道術之源泉。皆在於史。史與祝皆世其官。（史之世官至漢猶然司馬談司馬遷其最著者也）若別爲一族者然。蓋當時竹帛不便。學術之傳播甚難。非專其業者。不能盡其長也。而史之職。亦時有與祝之職相補助者。蓋其言吉凶禍福之道。祝本於天。以推於人。史鑒於祖。以措於今。故漢志謂道家出於史官。而陰陽讖緯家言。亦常有與史相通者。要而論之。則胚胎時代之學術思想。全在天人相與之際。而樞紐於兩者之間者。則祝與史皆有力也。今列其系統如下。

- 學術思想（天人相與）
  - （一）祝官（天事）
    - （甲）司祀之祝
    - （乙）司曆之祝
      - （子）曆象家（卽天文學）
      - （丑）曆數學（卽陰陽家）
      - （寅）占驗家（方術之言）
  - （二）史官（人事）
    - （甲）志事的史家（儒家之祖）
    - （乙）推理的史家（道家之祖）

此外尙有醫官樂官．亦於當時學術思想．頗有關係．但所關者只在一部分．而非其全體也．故略之不別論．（古者之醫必兼巫故古醫字作毉黃帝內經有祝由科然則醫實祝之附庸也樂與詩同體詩掌於太史樂官亦稱瞽史然則樂實史之附庸也）

吾於此章之末．欲更有一言．卽當知此時代之學術思想．爲貴族所專有．而不能普及於民間是也．吾華階級制度．至戰國而始破．若春秋以前．常有如印度所謂喀私德．Castes（印度分人爲四種最上者稱婆羅門其次爲刹利其次爲毗舍最下者爲首頭陀不許互通婚）中世歐羅巴所謂埃士忒德．Estates（歐人大率分僧侶貴族公民奴隸四種）者．蓋上流人士．握一羣之實權．不獨政治界爲然．而學術思想界．尤其要者也．加以文字未備．典籍難傳．交通未開．（指舟車往來等言）流布尤窒．故一切學術．非盡人可以自由研究之者．其權固不得不專歸於最少數之人．勢使然矣．而此少數之人．亦惟汲汲焉保持其舊．使勿失墜．既無餘裕以從事於新理想．復無人相與討論．以補其短而發其榮．此所以歷世二千餘年．而發達之效不覩也．雖然．此後全盛時代之學術思想．其胚胎皆蘊於此時．如漢書藝文志諸子略．（班志全本劉歆七略故今用其原名）所述謂

儒家者流．出於司徒之官．

道家者流．出於史官．

陰陽家者流．出於羲和之官．

法家者流．出於理官．

名家者流．出於禮官．

墨家者流．出於淸廟之守．

縱橫家者流．出於行人之官．

雜家者流。出於議官。

農家者流。出於農稷之官。

小說家者流。出於稗官。

雖其分類未能盡當。其推原所出。亦非盡有依據。要之古代世官之制行。學術之業。專歸於國民中一部一族。非其族者不能與聞。（管子稱士有士之鄉農有農之鄉工商有工商之鄉不可使雜處又曰士之子恆爲士農之子恆爲農蓋古俗然也古者以官爲氏如祝氏史氏樂正氏倉氏庾氏等皆由世業之故）非在官者不獲從事。此不惟中國爲然。即各國古代。亦莫不皆然者也。中世歐羅巴學術之權。皆在教會。迨十五世紀以後。教會失其專業。人人得自由講習。而新文明乃生。論者或以窒抑多數之民智爲教會詬病。而不知當中世黑暗時代。苟無教會以延一線之光明。恐其墮落更有甚者。而後起之人。益復無所憑藉也。然則知人論世。其功與過又豈可相掩耶。觀胚胎時代之學術思想。亦如是而已矣。

全盛時代

第一節　論周末學術思想勃興之原因

全盛時代。以戰國爲主。而發端實在春秋之末。孔北老南。對壘互峙。九流十家。繼軌並作。如春雷一聲。萬綠齊茁於廣野。如火山乍裂。熱石競飛於天外。壯哉盛哉。非特中華學界之大觀。抑亦世界學史之偉蹟也。求其所以致此之原因。蓋有七事焉。

一由於蘊蓄之宏富也。　人羣初起。皆自草昧而進於光華。文明者。非一手一足所能成。非一朝一夕所可幾也。

傳記所載黃帝堯舜以來文化已起然史公猶謂搢紳難言焉觀夏殷時代質朴之風猶且若此則唐虞以前之文明概可想矣（凡人羣進化之公例必由行國進而爲居國由漁獵進而爲畜牧由畜牧進而爲耕桑殷自成湯以至盤庚凡五遷其都蓋尙未能脫行國之風焉孟子頌周公之功則曰兼夷狄驅猛獸詩美宣王之德則以牛羊蕃息蓋殷周以前尙未盡成居國成農國也）及文王化被南國武周繼起而中央集權之制大定威儀三千周官三百（漢學家言禮儀周禮也威儀儀禮也）孔子歎之曰周監於二代郁郁乎文哉吾從周自豳岐以至春秋又數百年休養生息遂一脫蠻野固陋之態觀於左傳列國士大夫之多才藝嫻文學者所在皆然矣積數千年民族之腦精遞相遺傳遞相擴充其機固有磅礴鬱積一觸即發之勢而其所承受大陸之氣象與兩河流之精華機會已熟則沛然矣此固非島夷谷民崎嶇偪仄者之所能望也此其一

一由於社會之變遷也　由堯舜至於周初由周初至於東遷由東遷至於春秋之末其間固劃然分爲數時代其變遷之跡亦有不可掩者雖然其跡不甚著而史傳亦不詳焉獨至獲麟以後迄於秦始實爲中國社會變動最劇之時代上自國土政治下及人心風俗皆與前此截然劃一鴻溝（顧亭林日知錄云自左傳之終以至戰國凡百三十三年史文闕軼考古者爲之茫昧如春秋時猶尊禮重信而七國則絕不言禮與信矣春秋時猶宗周王而七國則絕不言王矣春秋時猶嚴祭祀重聘享而七國則無其事矣春秋時猶論宗姓氏族而七國則無一言及矣春秋時猶宴會賦詩而七國則不聞矣春秋時猶有赴告策書而七國則無有矣邦無定交士無定主此皆變於一百三十三年之間史之闕文而後人可以意推者也不待始皇幷天下而文武之道已盡矣）而其變動之影響一一皆波及於學術思想界蓋閥閱之階級一破前此爲貴族世官所壟斷之學問一舉而散諸民間遂有秦失其鹿天下共逐之觀（歐洲十四五世紀時學權由教會散諸民間情形正與此同此近世文明所由開也）周室之勢既微其所餘虛文儀式之陳言不足以範圍一世之人心遂有河出伏流一瀉千里之概此其二

一由於思想言論之自由也　凡思想之分合常與政治之分合成比例國土隸於一王則教學亦定於一尊勢

使然也。周室爲中央一統之祖。當其盛也。威權無外。禮記王制所載作左道以惑衆。殺。作奇器異服奇技淫巧以疑衆。殺。行僞而堅言僞而辨學非而博順非而澤以疑衆。殺。蓋思想言論之束縛甚矣。周既不綱。權力四散。游士學者。各稱道其所自得。以橫行於天下。不容於一國則去而之他而已。故仲尼干七十二君。墨翟來往大江南北。荀卿所謂『無置錐之地。而王公不能與之爭名。在一大夫之位。則一君不能獨畜。一國不能獨容』。言論之自由。至是而極。加以歷古以來。無宗教臭味。先進學說。未深入人心。學者盡其力之所及。拓殖新土。無罣無礙。豈所謂海闊從魚躍。天空任鳥飛者耶。莊子曰。天下大亂。賢聖不明。道德不一。學者多得一察焉以自好。〔天下篇〕孟子曰。聖王不作。諸侯放恣。處士橫議。蓋政權之聚散。影響於學術思想者。是其甚也。此其三。

一由於交通之頻繁也。　泰西文明發生。有三階段。其在上古。則腓尼西亞以商業之故。常周航於地中海之東西南岸。運安息埃及之文明以入歐洲也。其在中世。則十字軍東征亙二百年。阿剌伯人西漸。威懾歐陸。由直接間接種種機會。以輸入巴比倫猶太之舊文明與隋唐時代之新文明也。其在近世。則列國並立。會盟征伐。常若比鄰。彼此觀感。相摩而善也。由此觀之。安有不藉交通之力者乎。交通之道不一。或以國際。〔各國交涉日本名爲國際取孟子交際何心之義最爲精善今從之〕或以力征。或以服賈。或以游歷。要之其有益於文明一也。春秋戰國之時。兼幷盛行。互相侵伐。其軍隊所及。自濡染其國政教風俗之一二。歸而調和於其本邦。征伐愈多。則調和愈多。而一種新思想。自不得不生。其在平時。則聘享交際之道。常爲國家休戚所關。〔當昔羣雄割據大國欲籠絡小國以自雄小國則承事大國以求保護故其交際皆甚重要非如周初朝覲貢獻方物循行故事而已〕故各國皆不得不妙選人才以相往來。若相鼠茅鴟之不知。將辱國體而危亡隨之矣。其膺交通之任者。既國中文學最優之士。及其游於他社會。自能吸取其精英。齎之歸以爲用。如韓宣子聘魯而見易象春秋。吳季札聘上國而知十五國風、皆其例也、而當時通商之業亦漸盛、豪商巨賈往往與士大夫相酬酢、如鄭商弦高能以身救國、子貢廢著鬻財於曹魯之間、結駟連騎以聘享諸侯、所至國君無不分庭與之抗禮、而陽翟大賈呂不韋至能召集門客著呂氏春秋、蓋商業之盛通、爲學術思想之媒介者、亦不少焉、若夫縱橫捭闔之士、專以奔走游說爲業者、又不待言矣、故數千年來、交通之道、莫盛於戰國、此其四、

一由於人材之見重也、 一統獨立之國、務綏靖內憂、馴擾魁桀不羈之氣、故利民之愚、並立爭競之國、務防禦外侮、動需奇材異能之徒、故利民之智、此亦古今中外得失之林哉、衰周之際、兼并最烈、時君之求人才、載飢載渴、又不徒獎厲本國之才而已、且專吸他國者而利用之、蓋得之則可以爲雄、失之且恐其走胡走越以爲吾患也、故秦迎孟嘗、而齊王速復其位、商鞅去國、而魏遂弱於秦、游士之聲價重於時矣、貴族階級摧蕩、廓淸布衣卿相之局遂起、（貴族階級最爲文明之障礙中國破此界最早是亦歷史之光也） 士之欲得志於時者、莫不研精學問、標新領異、以自取重、雖其中多有勢利無恥者、固不待言、而學問以辨而明、思潮以摩而起、道術之言、遂徧於天下、此其五、

一由於文字之趨簡也、 中國文字衍形不衍音、故進化之難、原因於此者不少、但衍形之中亦多變異、而改易最劇者惟周末爲甚、倉頡以來所用古籀象形之文、十而八九、近世學者搜羅商周鐘鼎、其字體蓋大略相類、至秦皇刻石、而大變焉矣、說文序云『諸侯力政、分爲七國、言語異聲、文字異形、秦始皇帝初兼天下、丞相李斯乃奏聞之、罷其不與秦文合者』、然則當時各國各因所宜、隨言造文、轉變非一、故今傳墨子楚辭所用字、往往與北方中原之書互有出入、漢書藝文志謂『秦始造隸書、起於官獄多事、苟趨省易』、其實日趨簡易者、人羣進化之公例、積之者已非一日、而必非秦所能驟創也、文字既簡、則書籍漸盛、墨子載書五車以游諸侯、莊子亦言

惠施多方其書五車學者之研究日易而發達亦因之以速勢使然也此其六

一由於講學之風盛也　前此學術既在世官則非其族者不敢希望及學風興於下則不徒其發生也驟而其傳播也亦速凡創一學說者輒廣求徒侶傳與其人而千里負笈者亦不絕於道孔子之弟子三千墨子之鉅子徧於宋鄭齊之間孟子後車數十乘從者數百人許行之徒數十人捆屨織席以爲食蓋百家莫不皆然矣此實定哀以前之所無也故一主義於此一人倡之百人從而和之一人啓其端而百人揚其華安得而不昌明也此其七

此七端者能盡其原因與否吾不敢言要之略具於是矣全盛時代之所以爲全盛豈偶然哉豈偶然哉

第二節　論諸家之派別

先秦之學既稱極盛則其派別自千條萬緒非易論定今請先述古籍分類異同之說而別以鄙見損益之

古籍中記載最詳者爲漢書藝文志其所本者劉歆七略也篇中諸子略實爲學派論之中心點而兵書略術數略方技略亦學術界一部之現象也今舉諸子略之目如下凡爲十家亦稱九流（小說家不在九流之內）

一儒家　二道家　三陰陽家　四法家　五名家　六墨家　七縱橫家　八雜家　九農家　十小說家

又史記太史公自序述其父司馬談論六家要指凡六家

一陰陽家　二儒家　三墨家　四名家　五法家　六道德家

諸子書中論學派者以荀子之非十二子篇莊子之天下篇爲最詳荀子所論凡六說十二家

一它囂魏牟。二陳仲史鰌。三墨翟宋鈃。四愼到田駢。五惠施鄧析。六子思孟軻。

莊子所論凡五家並己而六。

一墨翟禽滑釐。二宋鈃尹文。三彭蒙田駢愼到。四關尹老聃。五莊周。六惠施。

以上四篇皆專論學派者也。其他各書論及者亦不尠。孟子則以楊墨並舉。又以儒墨楊並舉。韓非子顯學篇則以儒墨並舉。又以儒墨楊秉並舉。史記則以老子韓非合傳。而孟子荀卿傳中附論騶忌騶衍淳于髠愼到環淵接子田駢騶奭公孫龍劇子李悝尸子長盧吁子以及墨翟焉。

四篇之論荀子最爲雜亂。荀子北派之鉅子也。故所列十二家皆北人。而南人無一焉。以老子楊朱之學如此其盛。乃缺而不舉。遺憾多矣。（四方之學亦未一及）且所論者。除墨翟惠施之外。皆非其本派中之祖師也。若乃子思孟軻。本與荀同源。而其强辭排斥。與他子等。蓋荀卿實儒家中最狹隘者也。非徒崇本師以拒外道。亦且尊小宗而忘大宗。雖謂李斯坑儒之禍。發於荀卿。亦非過言也。（李斯坑儒所以排異己者實荀卿狹隘主義之數也）故其所是非。殆不足採。藝文志亦非能知學派之眞相者也。既列儒家於九流。則不應別著六藝略。既崇儒於六藝。何復夷其子孫以儕十家。其疵一也。縱橫家毫無哲理。小說家不過文辭。雜家既謂之雜矣。豈復有家法之可言。而以之與儒道名法墨等比類齊觀。不合論理。其疵二也。農家固一家言也。但其位置與兵商醫諸家相等。農而可列於九流也。則如孫吳之兵。計然白圭之商。扁鵲之醫。亦不可不爲一流。今有兵家略方技略在諸子略之外。於義不完。其疵三也。諸子略之陰陽家。與術數略界限不甚分明。其疵四也。故吾於班劉之言。亦所不取。莊子所論。推重儒墨老三家。頗能絜當時學派之大綱。（天下篇前一段所謂內聖外王之學指儒家也宋鈃尹文墨派也彭蒙田駢愼到老派也莊子本身老派也惠施名家言亦與墨子大取小取等篇相近近於墨派也篇中一唱三嘆者惟孔墨老三家實能知學界之大勢也。然猶有漏略者。太史公司馬談之論。則所列六家。五雀六燕。輕重適當。皆分雄於當時學界中。旗鼓相當者也。分類之精。以此為最。雖然欲以觀各家所自起。及其精神之所存。則談之言。猶未足焉耳。今請據羣籍。審趨勢。自地理上民族上放眼觀察。而證以學說之性質。製一先秦學派大勢表如左。

先秦學派

- 一 北派
  - (甲)鄒魯派(北派正宗) 孔子
    - 孟子 及其他儒徒
    - 荀卿
  - (乙)齊　派(北東派)
    - 管子
    - 鄒衍及其同派
  - (丙)秦晉派(北西派)
    - 申不害　商鞅　韓非
    - 李悝
  - (丁)宋鄭派(北南派)
    - 墨翟宋牼及其他墨徒
    - 鄧析惠施及其同派
- 二 南派
  - (南派正宗)——老子
    - 莊子　列子　及其他老徒
    - 楊朱
  - (南派支流)
    - 許行
    - 屈原

欲知先秦學派之真相。則南北兩分潮。最當注意者也。凡人羣第一期之進化。必依河流而起。此萬國之所同也。

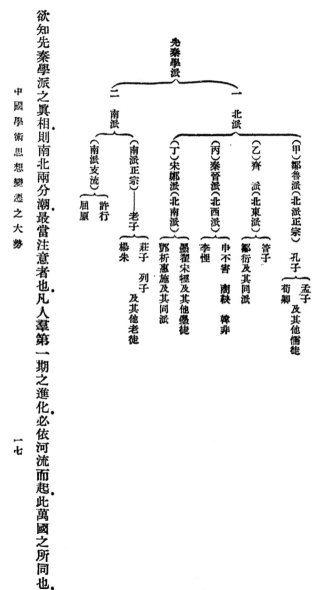

我中國有黃河揚子江兩大流。其位置性質各殊。故各自有其本來之文明。為獨立發達之觀。雖屢相調和混合。而其差別自有不可掩者。凡百皆然。而學術思想其一端也。北地苦寒磽瘠。謀生不易。其民族銷磨精神日力以奔走衣食維持社會。猶恐不給。無餘裕以馳騖於玄妙之哲理。故其學術思想常務實際。切人事。貴力行。重經驗。而修身齊家治國利羣之道術。最發達焉。惟然。故重家族。以族長制度為政治之本。（封建與宗法皆族長政治之圓滿者也）敬老年。尊先祖。隨而崇古之念重。保守之情深。排外之力强。則古昔。稱先王。內其國。外夷狄。重禮文。繫親愛。守法律。畏天命。此北學之精神也。南地則反是。其氣候和。其土地饒。其謀生易。其民族不必惟一身一家之飽煖是憂。故常達觀於世界以外。初而輕世。既而玩世。既而厭世。不屑屑於實際。故不重禮法。不拘拘於經驗。故不崇先王。又其發達較遲。中原之人。常鄙夷之。謂為蠻野。故其對於北方學派。有吐棄之意。有破壞之心。探玄理。出世界。齊物我。平階級。輕私愛。厭繁文。明自然。順本性。此南學之精神也。今請兩兩對照比較。以明其大體之差別。列表如下。

北派崇實際。	南派崇虛想。
北派主力行。（主動）	南派主無為。（主靜）
北派貴人事。	南派貴出世。
北派明政法。	南派明哲理。
北派重階級。（中庸曰親親之殺尊賢之等禮所生也）	南派重平等。（如莊子齊物許行並耕之論）
北派重經驗。	南派重創造。
北派喜保守。（孔子曰非先王法服不敢服非先王法行不敢行）	南派喜破壞。（老子曰絕聖棄智民利百倍絕仁棄義民復孝慈）

北派主勉強。（勉強者節性也書曰節性惟日其邁董子曰強勉學問勉強行道孔子曰克己復禮爲仁）
南派明自然。（自然者順性也莊子山木之喻渾沌竅之喻皆其義也）

北派畏天。（孔子曰畏天命）
南派任天。（老子曰天地不仁以萬物爲芻狗）

北派言排外。
南派言無我。

北派貴自強。
南派貴謙弱。

古書中言南北分潮之大勢者。亦有一二焉。中庸云。寬柔以教。不報無道。南方之強也。衽金革。死而不厭。北方之強也。孟子云。陳良楚產也。悅周公仲尼之道。北學於中國。北方之學者。未能或之先也。是言南北之異點。彰明較著者也。要之此全盛時代之第一期。實以南北兩派中分天下。北派之魁。厥惟孔子。南派之魁。厥惟老子。孔學之見排於南。猶老學之見排於北也。試觀孔子在魯衞齊之間。所至皆見尊崇。乃至宋而畏矣。至陳蔡而阨矣。宋陳蔡皆鄰於南也。及至楚則接輿歌之。丈人揶揄之。長沮桀溺目笑之。無所往而不阻焉。皆由學派之性質不同。故也。北方多憂世勤勞之士。孔席不煖。墨突不黔。栖栖者終其身焉。南方則多棄世高蹈之徒。接輿丈人沮溺皆汲老莊之流者也。蓋民族之異性使然也。

孔老分雄南北。而起於其間者有墨子焉。墨亦北派也。顧北而稍近於南。墨子生於宋。宋南北要衝也。故其學於南北各有所採。而自成一家言。其務實際貴力行也。實原本於北派之眞精神。而其刻苦也過之。但其多言天鬼。頗及他界。肇創論法。漸闡哲理。力主兼愛。首倡平等。蓋亦被南學之影響焉。故全盛時代之第二期。以孔老墨三分天下。孔老墨之盛。非徒在第二期而已。直至此時代之終。其餘波及於漢初。猶有鼎足爭雄之姿。（後見）今爲三大宗表示其學派勢力之所及如下。

三宗

- 孔學
  - 小康一派（春秋據亂世升平世之義以法治國以禮率民故法家言亦頗出於此其的傳者爲荀卿而李克李悝等之治術亦多本此李斯受其道以相秦秦制多本焉漢初賈誼鼂錯皆汲其流此派之使最永）
  - 大同一派（春秋太平世之義傳諸子游而孟子大昌明之荀子非十二子篇攻子思孟子云以爲仲尼子游爲茲厚於後世可見子思孟子之學實由子游以受於孔子也此派爲荀派所奪至秦而絕）
  - 天人相與一派（此派亦春秋之學而其原出於易與洪範蓋九流所謂陰陽家者此派之流裔也以緯書爲論宗齊派（卽北東派）多由此出至漢代而極盛董子及其餘今文家言皆其子孫也）
  - 心性一派（世子（碩）漆雕子等傳之孟子荀子告子皆各明一義閱千餘年後衍爲宋明學）
  - 考證一派（孔子祖述憲章徵夏禮殷禮於杞宋讀易韋編三絕蓋於考證古書三致意焉北派之重經驗崇前古勢則然也此派亦荀卿受之漢興六經皆荀卿所傳衍爲東漢初唐注疏之學其末流盛於本朝乾嘉間）
  - 記纂一派（孔子因魯史作春秋左邱明採國語以爲之傳蓋北學重先例故史學之興亦相因而至者也大史公以紹述孔學自命其作史記卽受孔子此派之敎也）
- 老學
  - 哲理一派（此道德家言之正宗也莊列傳之大盛於魏晉間）
  - 厭世一派（凡游心空理者必厭離世界楚狂沮溺之徒皆汲老學之流也後世逸民傳中人皆屬此派）
  - 權謀一派（老學最毒天下者權謀之言也將以愚民非以明民將欲取之必先與之此爲老學入世之本故縱橫家言實出於是而法家末流亦利用此術韓非子有𣏌老等篇史公以老韓合傳最得眞相此派極盛於戰國之末）
  - 縱樂一派（楊朱傳之數千年來日盛一日）
  - 神祕一派（谷神玄牝流沙化胡蓋必有所授焉後衍爲神仙方術家言盛於秦漢後爲符籙丹鼎之學盛於漢末三國六朝）
  - 兼愛一派（此墨學正宗也禽滑釐等爲鉅子宋牼尹文以禁攻寢兵爲務皆此學之感化也戰國之末祖述之者極盛）

- 墨學
  - 游俠一派（凡兼愛者必惡公敵除害馬乃所以愛馬也故墨學衍為游俠之風楚之攻宋墨子之徒赴其難而死者七十二人皆非有所為而為也殉其主義而已自戰國以至漢初此派極盛朱家郭解之流實皆墨徒也）
  - 名理一派（墨子經說上下大取小取等篇多名家言莊子天下篇言南方之墨者以堅白同異之論相訾以觭偶不仵之言相應）

此其大略也。雖然吾非謂三宗之足以盡學派也。又非如俗儒之牽合附會。欲以當時之學派。盡歸納於此三宗也。不過示其勢力之盛。及拓殖之廣云爾。請更論餘子。南北兩派之中。北之開化先於南。故支派亦獨多。陰陽家言。胚胎時代祝官之遺也。法家言。遠祖周禮。而以管子為繼別之大宗。申商為繼禰之小宗。及其末流。面目大殊焉。名家言最後起。而常為諸學之媒介者也。孔老墨而外。惟此三家。蔚為大國。巍然有獨立之姿。而三家皆起於北方。此為全盛時代第三期。

齊海國也。上古時代。我中華民族之有海思想者。厥惟齊。故於其間產出兩種觀念焉。一曰國家觀。二曰世界觀。國家觀衍為法家。世界觀衍為陰陽家。自管仲藉官山府海之利。定霸中原。銳意整頓內治。使成一『法治國』Rechtsstat 之形。管子一書。實國家思想最深切著明者也。但其書必非管子所自作。殆戰國時其後輩所纂述要之。此書則代表齊國風者也。降及威宣之世。而騶衍之徒興。史記稱『衍深觀陰陽消息。而作終始大聖之篇十餘萬言。其語閎大不經。必先驗小物。推而大之。至於無垠。先序今以上至黃帝。學者所共術。並世盛衰。因載其禨祥制度。推而遠之。至天地未生。窈冥不可考而原也。先列中國名山大川通谷禽獸。水土所殖。物類所珍。因而推之。及海外人之所不能睹。稱引天地剖判以來。五德轉移。治各有宜。而符應若茲。以為儒者所謂中國者。於天下乃八十一分之一耳。中國名曰赤縣神州。赤縣神州內自有九州。禹之序九州是也。不得為州數。中國外如赤縣神州者九。乃所謂九州也。於是有裨海環之。如此者九。乃有大瀛海環其外焉。』（史記孟子荀卿列傳）此其思想何等偉大。其推論何等淵微。非受海國感化者。孰能與於斯。（鄒衍所謂先驗小物推而大之近世奈端達爾文諸賢能開出彌天際地之大學說者皆恃此術也）雖其以陰陽爲論根。未免失據。然萌芽時代。豈能以今日我輩數千年後之眼識訾議之耶。騶子既沒。而稷下先生數百輩猶演其風。及秦漢時。遂有渡海求蓬萊之事。徐福之開化日本。皆騶子之徒導之也。此爲齊派（北東派）之兩大家。齊派之能獨立於鄒魯派以外也。大國則然也。海國則然也。

秦黃族先宅之地。而三皇所迭居也。控山谷之險。而民族强悍。故國家主義。亦最易發達。及戰國之末。諸侯游士輻輳走集。秦一一揖而入之。故其時西方之學術思想。爛然光燄萬丈。有睥睨北南東而凌駕之之勢。申不害韓產也。商鞅魏產也。三晉地勢與秦相近。法家言勃興於此間。而商鞅首實行之。以致秦强。逮於韓非。以山東功利主義。與荊楚道術主義。合爲一流。李斯復以儒術緣附之。而李克李悝等。亦兼儒法以爲治者也。於是所謂秦晉派（北西派）者與秦晉派實前三派之合體而變相者也。

宋鄭東西南北之中樞也。其國不大。而常爲列强所爭。故交通最頻繁焉。於是墨家名家。起於此間。墨家之性質。前既言之矣。而墨翟亦名學一宗師也。名家言起於鄭之鄧析。而宋之惠施。及趙之公孫龍大昌之。名家言者。其繁重博雜似北學。其推理俶詭似南學。其必起於中樞之地。而不起於齊魯秦晉荊楚者。地勢然也。其氣象頗小。無大主義可以眞自立。其不起於大國而必起於小國者。亦地勢然也。要之。此齊、秦晉、宋鄭之三派者。觀其大體。自劃然活現北學之精神。而必非南學之所得而混也。地理與文明之關係。其密切而不可易有如此者。豈不奇哉。

南派之老莊尙矣。而楊朱亦老學之嫡傳也。（楊子居為老子之徒見莊子）楊氏之為我主義縱樂主義。實皆起於厭世觀。列子楊朱篇引其學說曰『世事苦樂古猶今也變易治亂古猶今也既聞之矣既更之矣百年猶厭其多而況久生之苦也乎。』又曰『生則堯舜死則腐骨生則桀紂死則腐骨腐骨一矣孰知其異。』蓋其厭世之既極任自然之既極乃覺除為我主義縱樂主義更無所可事此其與近世邊沁彌兒等之為我派快樂派由功利主義而生者迥殊科矣。故北學之有墨。南學之有楊。皆走於兩極端之極點。而立於正反對之地位。楊之於老得其體而並神其用。楊學之幾奪老席非偶然也。故楊氏不可不列於大家而論之。

許行亦南學一代表也。但其流傳甚微非惟學說不見於他書卽其名亦除孟子外未有稱述之者。雖然。其所持理論頗與希臘柏拉圖之共產主義及近世歐洲之社會主義 Socialism（社會主義與無政府主義相類而亦不盡同社會主義者溺平等博愛之理論而用之過其度者也）相類。蓋反對北人階級等殺之學說矯枉而過其直者也。至其精神淵源於老學固自有不可掩者。老氏以初民之狀態為羣治之極則故其言曰郅治之極鄰國相望鷄犬之聲相聞民各甘其食美其服安其俗樂其業至老死不相往來此正南方沃土之民之理想而北人所必無者也。北方政論主干涉主義。（保民牧民皆干涉也）南方政論主放任主義。此兩主義者在歐洲近世互相沿革互相勝負而其長短得失至今尙未有定論者也。（十八世紀以前重干涉主義十八世紀後半十九世紀前半重放任主義近則復趨於干涉主義英國放任主義之代表也德國干涉主義之代表也盧梭放任主義之宗師也伯倫知理干涉主義之宗師也格蘭斯頓放任主義之實行者也俾斯麥干涉主義之實行者也）而許行實放任主義之極端也。吾甚惜其微言之湮沒而不彰也。（漢志農家者流殆卽指許行一派若僅以李克盡地力者當之似不足為一家言也又按許行一派亦兼有墨家主義殆南而稍染北風也但墨主干涉而許主放任其精神自異）

屈原文豪也。然論感情之淵微設辭之瑰偉亦我國思想界中一異彩也。屈原以悲悶之極不徒厭今而欲反之古也乃直厭俗而欲游於天試讀離騷自『跪敷衽以陳詞兮』至『哀高丘之無女』一段自『靈氛既告余以吉占兮』至『蜷局顧而不行』一段徒見其詞藻之紛綸雜遝其文句之連犿俶詭而不知實厭世主義之極點也九歌天問等篇蓋猶胚胎時代之遺響焉南人開化後於北人進化之跡歷歷可徵也屈原生於貴族故其國家觀念之强盛與立身行己之端嚴頗近北派至其學術思想純乎爲南風也此派後入漢而盛於淮南淮南雞犬雖謂聞三閭之說法而成道可也

以上皆各派分流之大概也北派支流多而面目各完南派支流少而體段未具固由北地文明之起先於南亦緣當時載籍所傳北詳南略故南人之理想殘缺散佚而不可觀者尙多多也

諸派之初起皆各樹一幟不相雜廁及其末流則互相辯論互相薰染往往與其初祖之學說相出入而旁採他派之所長以修補之故戰國之末實爲全盛時代第四期亦名之混合時代殆全盛中之全盛也其時學界大勢有四現象一曰內分二曰外布三曰出入四曰旁羅四者皆進步之證驗也所謂內分者韓非子顯學篇云『自孔子之死也有子張之儒有子思之儒有顏氏之儒有孟氏之儒有漆雕氏之儒有仲梁氏之儒有孫氏之儒（即荀卿）有樂正氏之儒自墨子之死也有相里氏之墨有相夫氏之墨有鄧陵氏之墨故孔墨之後儒分爲八墨離爲三』而荀子非十二子篇亦云『子游氏之賤儒子夏氏之賤儒子張氏之賤儒』莊子天下篇云『相里勤（即韓非子所謂相里氏也）之弟子五侯之徒南方之墨者苦獲已齒（郭注云二人姓氏也）鄧陵子之屬俱誦墨經而倍譎不同相謂別墨以堅白同異之辯相訾以觭偶不仵之辭相應』觀此可見當時各派分裂之大概矣自餘諸流雖其支派不甚可考要之必同此現象無疑也後世曲儒或以本派分裂爲道術衰微不知學派之爲物與國家不同國家分爭而

遂亡學術分爭而益盛。其同出一師而各明一義者。正如醫學之解剖。乃能盡其體而無遺也。

所謂外布者。各派皆起於本土。內力既充。乃務拓殖民地於四方。於斯之時。地理界限漸破。有南北混流之觀。史記儒林傳云。孔子既歿。七十子之徒。散游諸侯。故子路居衞。澹臺子羽居楚。子夏居西河。子貢終於齊。西河北西派所領地也。齊北東派所領地也。楚則南派之老營也。孟子曰。陳良楚產也。北學於中國北方之學者。未能或之先也。是儒行於南之證也。莊子云。南方之墨者。苦獲已齒鄧陵子之屬。俱誦墨經。是墨行於南之證也。愼到趙人。田駢接子齊人。皆學黃老道德之術。（見史記孟荀傳）韓非韓人。有解老之編。是老行於北之證也。故其時學術漸進。不能以地爲限。智識交換之途愈開。而南北兩文明與接爲構。故蒸蒸而日向上也。

所謂出入者。當時諸派之後學。常從其所好。任意去就。孟子曰。逃墨必歸於楊。逃楊必歸於儒。蓋出彼入此。恬然不以爲怪也。故禽滑釐子夏弟子也。而爲墨家鉅子。莊周田子方弟子也。而爲道家魁桀。韓非李斯。荀卿之弟子也。而爲法家大成。陳相陳良弟子也。而爲農家前驅。自餘諸輩。不見於載記者。當復何限。可見其時思想自由達於極點。非如後世曖曖昧昧。守一先生之言。而尺寸不敢越其畔也。

所謂旁羅者。當時諸派之大師。往往兼學他派之言。以光大本宗。如儒家者流之有荀卿也。兼治名家法家言者也。道家者流之有莊周也。兼治儒家言者也。法家者流之有韓非也。兼治道家言者也。北南東西四文明。愈接愈厲。至是幾將合一爐而冶之。雜家之起於是時。亦運會使然也。蘇張縱橫之辨。髡衍稷下之談。其論無當於宏旨。其義不主於一家。蓋承極盛之後。聞見雜博。取材贍宏。秦相呂不韋。至集諸侯游客。作八覽六論十二紀。兼儒墨合名法。綜道德齊兵農。實千古類書之先河。亦一代思想之淵海也。故全盛時代第四期列國之國勢。楚齊秦三分而終并於秦。思想界之大勢。亦楚齊秦鼎立而匯合於秦。今請更列一時期變遷表如下。

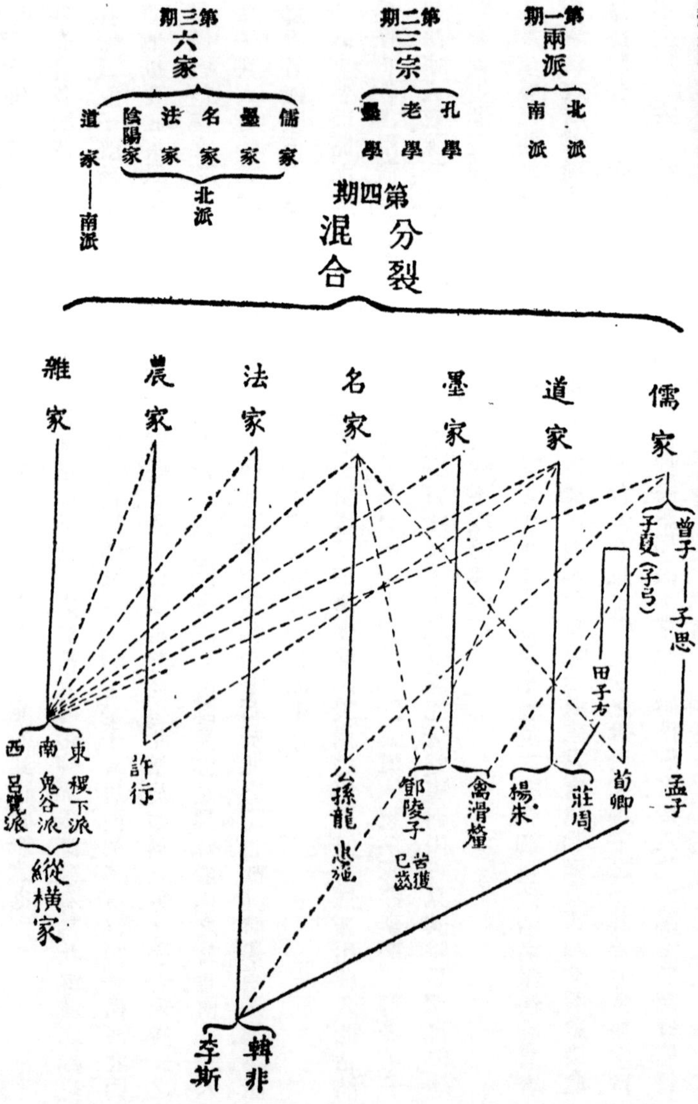

當時所極盛者。不徒哲理政法諸學而已。而專門實際之學。亦多起乎其間。其一曰醫學。黃帝內經素問。考古者定爲戰國時書。蓋非誣也。最名家者爲扁鵲。其術能見五臟癥結。蓋全體之學精也。能割皮解肌。訣脈結筋。搦髓腦。揲荒爪幕。湔浣腸胃。則解剖之學明也。其二曰天算。周髀算經。九章算術。亦衍於戰國。管子有地員篇。是知地圓之理也。緯書言地有四游。是知地動之理也。(漢張衡有地動儀)其名家之人不能指之。其三曰兵法學。孫武子一書。兵學之精神備焉。雖拿破崙之用兵。不能出其範圍也。而吳子司馬法。亦有淵源。其四曰平準學。(日本所謂經濟學)計然之策七。范蠡用其五於越國。而霸諸侯。既施諸國。乃用諸家。三致千金焉。白圭樂觀時變。嘗自言吾之治生也。猶伊尹呂尚之謀。孫吳用兵。商鞅行法。是故其智不足與權變。勇不足以決斷。仁不能以取予。強不能有所守。雖欲學此術。終不告之矣。(俱見史記貨殖傳)是皆深通平準學。技而進乎道者也。

此外則尚有史學。亦頗發達。史學蓋原於胚胎時代。至此乃漸成一家言者。太史公屢稱左邱失明。厥有國語。而春秋左氏傳一書。燦然爲古代思想之光彩焉。漢志有鐸氏春秋。楚人鐸椒之著也。有虞氏春秋。趙人虞卿之著也。(其書今佚。其或爲記事之史。如左氏傳。或爲解經之書。如公羊穀梁傳。或爲纂述之書。如呂氏春秋。皆不可考)此亦史學思想萌芽之徵也。而其時光燄萬丈者。尤在文學。文學亦學術思想所憑藉以表見者也。屈宋之專門名家者勿論。而老墨孟荀莊列商韓。亦皆千古之文豪也。文學之盛衰。與思想之强弱。常成比例。當時文家之盛。非偶然也。

以上所列各派之流別。略具矣。但有附庸諸家。不能徧論者。今請列其總目如下。(或雖非大家。而有著書者亦列之。或雖無著書。而爲他書所稱述者亦列之)

孔子。　老子。　墨子。　管子。(戰國時人纂集)　晏子。(戰國時人纂集。漢志列於儒家)　孟子。　荀卿。　關尹子。　列子。(或云依託)　莊子。

慎子。文子。采集本或云依託　鶡冠子。楚人居深山以鶡爲冠其書今采集本或云依託　商君。韓非子。公孫龍子。尉繚子。劉向別錄云繚爲商君學　尸子。名佼晉人商君師之其書今采集本　申子。采集本　鬼谷子。或云依託　鄧析子。采集本　尹文子。惠子。采集本　楚辭。孫武子。

以上其書今存列於四庫總目者。其四庫不載而近世采集成本通行者數種亦附焉

子思二十三篇。曾子十八篇。漆雕子十三篇。宓子十六篇。名不齊孔子弟子　景子三篇。漢志原注云說宓子語似其弟子　世子二十一篇。名碩　魏文侯六篇。李克七篇。子夏弟子　公孫尼子二十八篇。芊子十八篇。名嬰　甯越一篇。公孫固一篇。董子一篇。原注云名無心難墨子　徐子一篇。原注云宋外黃人　魯仲連子十四篇。平原君七篇。虞氏春秋十五篇。虞卿　以上儒家者流。蜎子十三篇。原注云名淵楚人老子弟子　老成子十八篇。長盧子九篇。楚人　王狄子一篇。公子牟四篇。原注魏之公子也先莊子莊子稱之　田子廿五篇。名駢　老萊子十四篇。楚人　黔婁子四篇。原注云齊隱士　以上道家者流。鄒子四十九篇。又鄒子終始五十六篇。原注名衍齊人爲燕昭王師　公孫發二十二篇。原注六國時　乘丘子五篇。原注六國時　杜文公五篇。原注六國時劉向別錄云韓人也　黃帝泰素二十篇。原注六國時韓諸公子所作　南公三十一篇。原注六國時　鄒奭子十二篇。原注齊人　公孫檮終始十四篇。原注傳鄒奭始終書　閭丘子十三篇。原注名快魏人在南公前　馮促十三篇。原注鄭人　將鉅子五篇。原注六國時在南公前南公稱之　以上陰陽家者流。李子三十二篇。原注名悝相魏文侯　處子九篇。以上法家者流。毛公九篇。原注趙人與公孫龍等並游平原君家　以上名家者流。田俅子一篇。原注先韓子　我子一篇。隨巢子六篇。胡非子三篇。原注並云墨翟弟子　以上墨家者流。蘇子三十一篇。張子十篇。龐煖二篇。原注爲燕將　以上縱橫家者流。伍子胥八篇。子晚子三十五篇。原注云齊人好議兵　以上雜家者流。神農二十篇。原注云六國時諸子疾時怠於農業道耕農事託之

神農野老十七篇。（原注云六國時）以上農家者流。齊孫子八十九篇。（原注圖四卷顏注孫臏也）公孫鞅二十七篇。吳起四十八篇。范蠡二篇。大夫種二篇。李子十篇。龐煖三篇。兒良一篇（六國時）王孫十六篇。（原注圖五卷）魏公子二十一篇。（原注圖十卷名無忌）以上兵書略。扁鵲內經九卷外經十二卷。白氏內經三十八卷外經三十六卷。以上方伎略。

以上其書今佚見於漢書藝文志者。

它囂。（見荀子非十二子篇）魏牟（同上漢志道家之公子牟疑即是人）陳仲（同上又見孟子）史鰌。（同上論語作史魚）宋鈃。（同上又見莊子天下篇孟子作宋牼）彭蒙。（見莊子天下篇）許行。（見孟子）告子。（見孟子蓋儒家也）楊朱（見孟子莊子列子有楊朱篇載其學說）子莫。（見孟子執楊墨之中者）淳于髡。（見孟子史記云博聞強記學無所主）接子。（見史記齊人）環淵（見史記楚人著上下篇或云即漢志之蜎子）劇子。（見史記）吁子。（見史記索隱云即漢志之芉子也）秉子（見莊子莊子謂惠施曰儒墨楊秉四與夫子而五秉不知其何指或言公孫龍字子秉也待考）白圭。計然。（俱見史記）

以上其名散見羣書無自著書。或有之而不載於漢志者。

綜是觀之。偉大哉此時代之學術思想乎。繁賾哉此時代之學術思想乎。瓌奇哉此時代之學術思想乎。謂黃帝子孫而非神明也。謂亞洲大陸而非靈秀也。嘻烏克有此。嘻烏克有此。

第三節　論諸家學說之根據及其長短得失（闕）

此節原爲本論最要之點。但著者學殖淺薄。綜合而論斷之。自媿未能。尙須假以時日。悉心研究。非可以率爾操觚也。故從闕如。若夫就正有道。當俟全書殺青時矣。著者附識。

第四節　先秦學派與希臘印度學派比較

嗚呼。世運之說。豈不信哉。當春秋戰國之交。豈特中國民智爲全盛時代而已。蓋徵諸全球。莫不爾焉。自孔子老子以迄韓非李斯。凡三百餘年。九流百家。皆起於是。前空往劫。後絕來塵。尚矣。試徵諸印度。萬敎之獅子。厥惟佛。佛之生。在孔子前四百十七年。在耶蘇前九百六十八年。此侯官嚴氏所考據也見天演論下第三章案語今從之凡住世者七十九歲。佛滅度後六百年而馬鳴論師興。七百年而龍樹菩薩現。馬鳴。龍樹。殆與孟子荀卿同時也。八百餘年而無著世親陳那護法諸大德起。大乘宏旨。顯揚殆罄。時則秦漢之交也。而波儞尼之聲論哲學。爲婆羅門敎中興鉅子。亦起於馬鳴前百餘年。波儞尼之學以言語爲道本頗似五明中之聲明又與柏拉圖之觀念說相類其時代傳說不同大率先波臘閣梨二百年此印度之全盛時期也。更徵諸希臘。七賢之中。德黎 Thales 稱首。生魯僖二十四年。亞諾芝曼德。Anaximandros 倡無極說者也。生魯文十七年。畢達哥拉。Pythagoras 天算鼻祖。以律呂言天運者也。生魯宣間。芝諾芬尼。Xenophanes 創名學者也。生魯文七年。巴彌匿智。Parmenides 倡有宗者也。生魯昭六年。額拉吉來圖。Herakleitos 首言物性。而天演學之遠祖也。生魯定十三年。安那薩哥拉。Anaxagoras 討論原質之學者也。額安二哲皆安息人生魯定十年。德謨頡利圖。Demokritos 倡阿屯論。即莫破質點之說也者也。生周定王九年。梭格拉底。Sokrates 言性理道德。西方之仲尼也。生周元王八年。柏拉圖。Plato 倫理政術之淵源也。生周考王十四年。亞里士多德 Aristoteles 古代學派之集大成也。生周安王十八年。此外則安得臣。Antisthune 什匿派之大宗。倡克己絕欲之敎者也。生周元間。芝諾。Zenor 斯多噶派之初祖。而泰西倫理風俗所由出也。生周顯三年。伊璧鳩魯。Epikuros 幸福主義之祖師也。生周顯廿七年。至阿克西拉 Arkesilaos 倡懷疑學派，實惟希臘思想一結束。阿氏生周赧初年，卒始皇六年，是時正值中國焚坑之禍將起，而希學支流亦自茲稍涸矣。由是觀之，此前後一千年間，實爲全地球有生以來空前絕後之盛運。茲三士者，地理之相去如此其遼遠，人種之差別如此其殽異，而其菁英之磅礴發洩，如銅山崩而洛鐘應，伶倫吹而鳳皇鳴，於戲，其偶然耶，其有主之者耶，姑勿具論。要之，此諸哲者，同時以其精神相接構相補助相戰駁於一世界遙遙萬里之間，既壯既劇，既熱既切，我輩生其後受其教而食其賜者，烏可以不歌舞之，烏可以不媒介之。

以地理論，則中國印度同爲東洋學派，而希臘爲西洋學派。以人種論，則印度希臘同爲阿利揚族學派，而中國爲黃族學派。以性質論，則中國希臘同爲世間學派，而印度爲出世間學派。（希臘之斯多噶派、伊壁鳩魯派、懷疑派，雖亦講求解脫主義，然猶世間法之解脫也，中國之老莊亦然。）故三者互有其相同之點、相異之點，今請校其長短而僭論之。

甲　與希臘學派比較

一　先秦學派之所長

凡一國思想之發達，恆與其地理之位置、歷史之遺傳有關係。中國者，大國也；其人，偉大之國民也。故其學界全盛之時，特優於他邦者，自不少。今請舉其五事。

曰國家思想之發達也。希臘有市府而無國家，如雅典、斯巴達諸邦垂大名於歷史者，實不過一都會而已。雖其自治之制整然，然終不能組織一國如羅馬及近世歐洲列邦，卒至外敵一來，而文明之跡，隨羣市府以同成灰燼者，蓋國家思想缺乏使然也。（柏拉圖、亞里士多德皆有功於政治學，而皆不適於造完全之國家。）中國則自管子首以國家主義倡於北東，其繼起者率以建國問題爲第一目的羣書所爭辯之點大抵皆在此雖孔老有自由干涉之分商墨有傳愛苛刻之異然皆自以所信爲立國之大原一也中國民族所以能立國數千年保持固有之文明而不失墜者諸賢與有勞焉矣此其一

曰生計 Economy 問題之昌明也希臘人重兵事貴文學而於生計最不屑屑焉故當時哲學技術皆臻極盛爲萬世師獨於茲科講論殊少惟芝諾芬尼亞里士多德嘗著論之而已而中國則當先秦時此學之昌殆與歐洲十六七世紀相頡頏若管子輕重乘馬之篇孟子井田徹助之制墨翟務本節用之訓荀卿養欲給求之論李悝盡地力之業白圭觀時變之言商鞅開墾之令許行並耕之說或闡原理或述作用或主農稼或貴懋遷或倡自由政策 Free Trade 孟子關市譏而不征則天下之民皆悅而願藏諸其市矣 或言干涉主義濟濟彬彬各明一義蓋全地球生計學即前論所屢稱之平準學發達之早未有吾中國若者也余擬著一中國生計學史搜集前哲所論以與泰西學說相比較若能成之亦一壯觀也此其二

曰世界主義之光大也希臘人島民也其處想雖能窮宇宙之本原其實想不能脫市府之根性故於人類全體團結之業統治之法幸福之原未有留意者中國則於修身齊家治國之外又以平天下爲一大問題如孔學之大同太平墨學之禁攻寢兵老學之抱一爲式鄒衍之終始五德大抵向此問題而試研究也雖其所謂天下者非眞天下而其理想固以全世界爲鵠也斯亦中國之所以爲大也此其三

大抵中國之所長者在實際問題在人事問題就一二特點論之則先秦時代之中國頗類歐西今日希臘時代之歐西反類中國宋明間也此不過言其有相類者耳非指其全體也讀者勿泥視 至就全體上論之則亦有見優者

曰家數之繁多也希臘諸哲之名家者凡十餘人其所論問題不出四五大抵甲倡一說而乙則引伸之或反駁

之故其學界爲螺線形雖千變萬化殆皆一線所引也中國則地大物博交通未盛學者每閉門造車出門應轍常非有所承而後起者也故其學界爲無數平行線形六家九流之門戶前既言之矣而其支與流裔何啻百數故每一問題臚其異說輒纍纍若貫珠然而問題之多亦冠他界此其四

曰影響之廣遠也自馬基頓兼幷以後至西羅馬滅亡以前凡千餘年間希臘學術之影響於歐洲社會者甚微蓋由學理深遠不甚切於人事也（斯多噶派雖與羅馬風俗有影響然不多也）先秦學者生當亂世目擊民艱其立論大率以救時厲俗爲主與羣治之關係甚密切故能以學說左右世界以亙於今雖其爲益爲損未易斷言要其勢力之偉大殆非他方學界所能及也此其五

二　先秦學派之所短

不知己之所長則無以增長光大之不知己之所短則無以採擇補正之語其長則愛國之言也語其短則救時之言也今請舉中國之缺點

一曰論理 Logic 思想之缺乏也凡在學界有學必有問有思必有辯論理者講學家之劍胄也故印度有因明之教（因明學者印度五明之一也其法爲因宗喩三段一如希臘之三句法）而希臘自芝諾芬尼梭格拉底屢用辯證法至亞里士多德而論理學蔚爲一科矣以此之故其持論常圓滿周到首尾相赴而眞理愈析而愈明中國雖有鄧析惠施公孫龍等名家之言然不過播弄詭辯非能持之有故言之成理而其後亦無繼者（當時堅白馬等名學之詞句諸子所通稱道也如墨子大取小取等篇最著矣即孟荀莊韓書中亦往往援爲論柄但其學終不成一科耳）以故當時學者著想非不邃奧論事非不宏廓但其周到精微則遠不逮希印二土（試舉

一二為例孟子云楊氏為我是無君也墨氏兼愛是無父也夫為我何故與無君同物兼愛何故與無父同物而一以論理法反詰之必立窮矣孟子言性善謂辭讓之心人皆有之荀子言性惡謂人之性好利順是則爭奪生而辭讓亡其論法同一而根據與結斷皆相反終相持而不能決皆由無論理以範圍之不能於對待求眞理也墨子天志篇云然則天亦何欲何惡天欲義而惡不義(中略)然則何以知欲義而惡不義曰天下有義則生無義則死(中略)然則天欲其生而惡其死(中略)此我所以知天欲義而惡不義也云云語中疊用數然則字望之極似循環論法然究其極際則天何以欲其生而惡其死之理據墨子不能言也是其前論之基礎胥不立矣中國古書之說理類此者什九不能偏舉也大抵西人之著述必先就其主題立一界說下一定義然後循定義以縱說橫說中國則不然如孔子之言仁言孝其義亦寥廓而不定他無論矣坐此之故譬之雖有良將健卒而無戈矛甲冑以為之藉故以攻不克以守不牢道之不能大光實由於是推其所以缺乏之由殆緣當時學者務以實際應用為鵠而理論之是非不暇措意一也又中國語言文字分離向無文典語典Lunguage Grammar之教因此措辭設句之法不能分明二也又中國學者常以教人為任有傳授而無駁詰非如泰西之公其說以待人之贊成與否故不必定求持論之圓到三也此事雖似細故然實關於學術盛衰之大原試觀泰西古代思想集成於亞里士多德近世文明濫觴於倍根彼二人皆以論理學鳴者也後有作者可以知所務矣

二曰物理實學之缺乏也凡學術思想之發達恆與格致科學相乘遠而希臘近而當代有明徵矣希臘學派之中堅為梭格拉底柏拉圖亞里士多德師弟梭派之學殫精於人道治理之中病物理之繁賾高遠而置之其門庭頗與儒法諸家相類但自德黎以來茲學固已大昌而額拉吉來圖德謨頡利圖諸大師固已潭思入微為數千年格致先聲故希臘學界於天道物理人治三者調和均平其獨步古今良有由也中國大學雖著格物一目然有錄無書百家之言雖繁而及此者蓋寡其間惟墨子剖析頗精但當時傳者既微秦漢以後益復中絕惟有陰陽五行之僻論跋扈於學界語及物性則緣附以為辭怪誕支離不可窮詰馴至堪輿日者諸左道迄今猶銘刻於全國人腦識之中此亦數千年學術墮落之一原因也

三曰無抗論別擇之風也。希臘哲學之所以極盛。皆由彼此抗辯折衷。進而愈深。引而愈長。譬有甲說之起。必有非甲說隨起而與之抗。甲與非甲。辯爭不已。時則有調和二者之乙說出焉。乙說既起。旋有非乙。乙非乙爭。又有調和丙說斯立。此論理學中所謂三段式也。今示其圖如下。

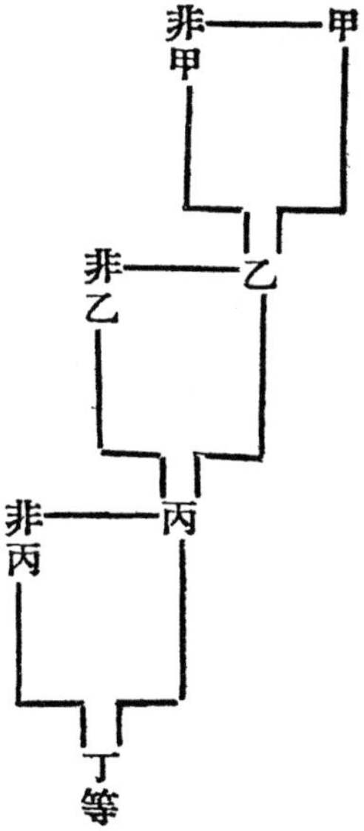

希臘學界之進步。全依此式。故自德黎開宗以後。有芝諸芬尼派之甲說。即有額拉吉來圖之非甲說。與之抗。對抗不已。而有調和派三家之丙說出焉。既有丙說。旋有懷疑派之非丙說踵起。而梭格拉底之丁說出。以集其成。梭聖門下。有什匿克派之戊說。旋有奇黎尼派之非戊說。而柏拉圖之己說出。以執其中。己說既行。又有德謨吉來圖之非己說。而亞里士多德之庚說更承其後。如是展轉相襲。亙數百年。青出於藍。冰寒於水。發揮光大。皆此之由。豈惟古代。即近世亦有然矣。記稱舜之大智。曰執其兩端。用其中於民。有兩端焉。有中焉。則眞理必於是乎在矣。乃先秦學派。非不盛也。百家異論。非不殺也。顧未有堂堂結壘。針鋒相對。以激戰者。其異同皆無意識之異同也。於羣言殽亂之中。起而折衷者。更無聞焉。後世儒者動言羣言殽亂衷諸聖此讕言也此乃主奴之見非所謂折衷也何以故彼其所謂聖者孔子也如老墨等羣言則孔子

（之論敵也孔子立於甲位墨言立於非甲位然則其能折衷之者必乙也今乃曰折衷諸甲有是理耶）若墨子之於孔子可謂下宣戰書者矣然其論鋒殊未正對也墨之與楊蓋立於兩極端矣維時調和之者則有執中之子莫子莫誠能知學界之情狀者哉惜其論不傳然以優勝劣敗之理推之其不傳也必其說之無足觀也（苟有精義他書必當引及何以於孟子之外並名氏亦無睹也）凡爲折衷之丙說者必其見地有以過於甲非甲兩家然後可以立於丙之地位而中國殊不然此學之所以不進也今勿徵諸遠而徵諸近歐洲當近世之初倍根笛卡兒兩派對抗者數百年日耳曼之康德起而折衷之而斯學益盛康德固有以優於倍笛二賢者也中國自宋明以來程朱陸王兩派對抗者亦數百年本朝湯斌等起而折衷之而斯道轉熄湯斌固劣於晦庵陽明遠甚也此亦古今得失之林矣推其所由大率論理思想之缺乏實尸其咎吾故曰後有作者不可不此之爲務也

四曰門戶主奴之見太深也凡依論理持公心以相辨難者則辨難愈多眞理愈明而意見亦必不生何也所爭者在理之是非所敵者在說之異同非與其人爲爭爲敵也不依論理不持公心以相辨難則非惟眞理不出而筆舌將爲寃讎之府矣先秦諸子之論戰實不及希哲之劇烈而嫉妒褊狹之情有大爲吾歷史汚點者以孔子之大聖甫得政而戮少正卯問其罪名則行僞而堅言僞而辯學非而博順非而澤也夫僞與眞至難定形也是與非至難定位也藉令果僞矣果非矣亦不過出其所見行其所信糾而正之斯亦可耳而何至於殺其母乃以三盈三虛之故變公敵而爲私仇其毋乃濫用强權而爲思想自由言論自由之蟊賊耶梭格拉底被僇於雅典僇之者羣盲也今少正卯之學術不知視梭氏何如而以此見僇於聖人吾實爲我學界恥之此後如墨子之非儒則摭其陳蔡享豚等陰私小節孟子之距楊墨則毫無論據而漫加以無父無君之惡名荀子之非十二子動

斥人爲賤儒。指其無廉恥而嗜飲食。凡此之類。皆絕似村嫗謾罵口吻。毫無士君子從容論道之風。豈徒非所以待人。抑亦太不自重矣。無他。不能以理相勝。以論相折。而惟務以氣相競。以權相淩。然則焚坑之禍。豈待秦皇。彀中之入。豈待唐太。吾屬稿至此。而不能不有慚於西方諸賢也。未識後之君子。能剗此孼苗否也。

五曰崇古保守之念太重也。希臘諸哲之創一論也。皆自思索之。自組織之。自發布之。自承認之。初未嘗依傍古人以爲重也。皆務發前人所未發。而思以之易天下。未嘗教人反古以爲美也。中國則孔子大聖。祖述堯舜。憲章文武。述而不作。信而好古。非先王法言不敢道。非先王法行不敢行。其學派之立脚點。近於保守。無論矣。若夫老莊。以破壞爲教者矣。乃孔子所崇者不過今之古。而老子所崇者乃在古之古。此殆中國人之根性使然哉。夫先秦諸子。其思想本強半自創者也。既自創之。則自認之。是非功過。悉任其責。斯豈非光明磊落者耶。今乃不然。必託諸古。孔子託諸堯舜。墨翟託諸大禹。老子託諸黃帝。許行託諸神農。自餘百家。莫不如是。試一讀漢書藝文志。其號稱黃帝容成岐伯風后力牧伊尹孔甲太公所著書者不下百數十種。皆戰國時人所依託也。嘻。何苦乃爾。是必其重視古人太過而甘爲之奴隸也。否則其持論不敢自信而欲諉功過於他人也。否則欲狐假虎威以欺飾庸耳俗目也。吾百思不得其解。姑文其言曰。崇古保守之念重而已。吾不敢妄謗前輩。然吾祝我國今後之學界。永絕此等腹蟹目蝦之遺習也。

六曰師法家數之界太嚴也。柏拉圖。梭氏弟子也。而其學常與梭異同。亞里士多德。柏氏弟子也。而其說常與柏反對。故夫師也者。師其合於理也。時或深惡其人。而理之所在。斯不得不師之矣。敵也者。敵其戾於理也。時或深敬其人。而理之所非。斯亦不得不敵之矣。敬愛莫深於父母。而幹父之蠱。大易稱之。斯豈非人道之極則耶。梭柏亞三哲之爲師弟其愛情之篤聞於古今而其於學也若此其所以衣鉢相傳爲希學之正統者蓋有由也苟不爾則非梭之所以望於柏柏之所以望於亞矣中國不然守一先生之說則兢兢焉不敢出入不敢增損稍有異議近焉者則曰背師遠焉者則曰非聖行將不容於天下矣以故孔子之後儒分爲八墨離爲三而未聞有一焉能青於藍而寒於水者譬諸家人積聚之業父有千金產以遺諸子子如克家資母取贏而萬焉而巨萬焉斯乃父之志也今曰吾保守之而已則羣兒分領千金其數已微不再傳而爲窶人矣吾中國號稱守師說者既不過得其師之一體而又不敢有所異同增損更傳於其弟子所遺者又不過一體之一體夫其學安得不澌滅也試觀二千年來孔教傳授之歷史其所以陵夷衰微日甚一日者非坐此耶夫一派之衰微猶小焉耳舉國學者如是則一國之學術思想界奄奄無復生氣可不懼耶可不懼耶

乙　與印度學派比較闕

欲比較印度學派不可不先別著論略述印度學術思想之變遷今茲未能願以異日故此段暫付闕如　著者附識

儒學統一時代

泰西之政治常隨學術思想爲轉移中國之學術思想常隨政治爲轉移此不可謂非學界之一缺點也是故政界各國並立則學界亦各派並立政界共主一統則學界亦宗師一統當戰國之末雖有標新領異如錦如荼之

學派。不數十年。摧滅以盡。巍然獨存者。惟一儒術。而學術思想進步之跡。亦自茲凝滯矣。夫進化之與競爭相緣者也。競爭絕則進化亦將與之俱絕。中國政治之所以不進化。曰惟共主一統。故中國學術所以不進化。曰惟宗師一統。故而其運皆起於秦漢之交。秦漢之交。實中國數千年一大關鍵也。抑泰西學術。亦何嘗不由分而合由合而分。遞衍遞嬗。然其凝滯不若中國之甚者。彼其統一之也以自力。此其統一之也以他力。所謂自力者何。學者各出其所見。互相辯詰。互相折衷。競爭淘汰。優勝劣敗。其最合於眞理最適於民用者。則相率而從之。衷於至當。異論自熄。泰西近日學界所謂定義公例者。皆自此來也。所謂他力者何。有居上位握權力者。從其所好而提倡之。而左右之。有所獎厲於此。則有所窒抑於彼。其出入者。謂之邪說異端。謂之非聖無法。風行草偃。民遂移風。泰西中古時代之景教。及吾中國數千年之孔學。皆自此來也。由前之道。則學必日進。由後之道。則學必日退。徵諸前事。有明驗矣。故儒學統一者。非中國學界之幸。而實中國學界之大不幸也。今請先語其原因。次敍其歷史。次條其派別。次論其結果。

第一節　其原因

儒學統一云者。他學銷沈之義也。一興一亡之間。其原因至賾至雜。約而論之。則有六端。

天下大亂。兵甲滿地。學者之日月。皆銷蝕於憂皇擾攘之中。無復餘裕以從事學業。而霸者復肆其殘忍兇悍之手段。草薙而禽獮之。苟非有過人之精神毅力。則不能抱持其所學以立於此棼亂闇黑之世界。故經周末兼幷之禍。重以秦皇焚坑一役。而前此之道術。若風掃落葉。空捲殘雲。實諸學摧殘之總原因。儒學與他學共之者也。

此其一。

破壞不可以久也。故受之以建設。而其所最不幸者則建設之主動力非由學者而由帝王也。帝王既私天下。則其所以保之者莫亟於靖人心。事雜言龐。各是所是而非所非。此人心所以滋動也。於是乎靖之之術。莫若取學術思想而一之。故凡專制之世。必禁言論思想之自由。秦漢之交。爲中國專制政體發達完備時代。然則其建設之者。不惟其分而惟其合。不喜其並立而喜其一尊。勢使然也。此其二。

既貴一尊矣。然當時百家。莫不自思以易天下。何爲不一於他而獨一於孔。是亦有故。周末大家。足與孔並者。無逾老墨。然墨氏主平等。大不利於專制。老氏主放任。亦不利於干涉。與霸者所持之術。固已異矣。惟孔學則嚴等差。貴秩序。而措而施之者。歸結於君權。雖有大同之義。太平之制。而密勿微言。聞者蓋寡。其所以干七十二君。授三千弟子者。大率上天下澤之大義。扶陽抑陰之庸言。於帝王馭民。最爲適合。故霸者竊取而利用之。以宰制天下。漢高在馬上。取儒冠以資溲溺。及既定大業。則適魯而以太牢祀矣。蓋前此則孔學可以爲之阻力。後此則孔學可以爲之奥援也。此其三。

然則法家之言。其利於霸者更甚。何爲而不用之。曰。法家之爲利也顯而驟。其流弊多。儒家之爲利也隱而長。其流弊少。夫半開之民之易欺也。朝四暮三。則衆狙喜。且笞且飴。則羣兒服。故宋修太平御覽。以彀英雄。清開博學鴻詞以戢反側。蓋逆取順守。道莫良於此矣。孔學說忠孝。道中庸。與民言服從。與君言仁政。其道可久。其法易行。非如法家之有術。易以興。無術。易以亡也。然則孔學所以獨行。殆敎競君擇。適者生存。亦天演學公例所不可逃也。此其四。

以上諸端。皆由他動力者也。至其由自動力者。則亦有焉。盈虛消長。萬物之公例也。以故極盛之餘。每難爲繼。彼希臘學術。經亞里士多德後而漸衰。近世哲理。經康德後而稍微。此亦人事之無如何者矣。九流既茁。精華盡吐。再世以後。民族之思想力既倦。震於前此諸大師之學說。以爲不復可加。不復可幾及。故有因襲無創作。有傳受無擴充。勢使然矣。然諸家道術。大率皆得一察焉以自好。承於前者既希。其傳於後也亦自不廣。孔學則祖述堯舜。憲章文武。在先師雖有改制法後之精神。在後學可以抱殘守缺爲盡責。是故無赴湯蹈火之實力。則不能傳墨學。無幽玄微妙之智慧。不足以傳老學。至於儒術。則言訓詁者可以自附焉。言校勘者可以自附焉。言典章制度者可以自附焉。言心性理氣者可以自附焉。其取途也甚寬。而所待於創作力也甚少。所以諸統中絕。而惟此爲昌也。此其五。

抑諸子之立教也。皆自欲以筆舌之力。開闢塗徑。未嘗有借助於君之心。如墨學主於鋤强扶弱。勢力愈盛者。則其仇之愈至。老學則芻狗萬物。輕世肆志。往往玩弄王侯以鳴得意。然則彼其學非直霸者不取之。抑先自絕也。孔學不然。以用世爲目的。以格君爲手段。故孔子及身周游列國。高足弟子友交諸侯。爲東周而必思用我。行仁術而必藉王齊。蓋儒學者實與帝王相依附而不可離者也。故陳涉起而孔鮒往。劉季興而叔孫從。恭順有加。强聒不捨。捷足先得。誰曰不宜。此其六。

第二節　其歷史

具彼六因。儒學所以視他學占優勝者。其故可知矣。雖然其發達亦非一朝一夕之故。請略敘之。

（一）萌芽時代。　當孔子之在世。其學未見重於時君也。及魏文侯受經子夏。繼以段干木田子方。於是儒教始大於西河文侯初置博士官。實爲以國力推行孔學之始。儒教第一功臣。舍斯人無屬矣。其次者爲秦始皇。始皇焚坑之虐。後人以爲敵孔教。實非然也。始皇所焚者。不過民間之書百家之語。所坑者。不過咸陽諸生侯生盧生等四百餘人。未嘗與儒教全體爲仇也。豈惟不仇。且自私而自尊之。其焚書之令云。有欲學者。以吏爲師。非禁民之學也。禁其於國立學校之外。有所私業而已。所謂吏者何。則博士是也。秦承魏制。置博士官。伏生叔孫通張蒼史皆稱其故秦博士。蓋始皇一天下。用李斯之策。固已知辨上下定民志之道。莫善於儒教矣。然則學術統一與政治統一。同在一時。秦皇亦儒教之第二功臣也。漢高蚤年最惡儒。有儒冠者輒溲溺之。其吐棄也至矣。而酈食其叔孫通陸賈等。深自貶抑。包羞忍垢以從之。及天下既定。諸將爭奪喧譁。引爲深患。叔孫通乃緣附古制。爲草朝儀。導之使知皇帝之貴。然後信孔學之眞有利於人主。陸賈獻新語。益知馬上之不可以治天下。於是過魯以太牢祠孔子。喟然興學。以貽後昆。漢高實儒教之第三功臣也。

（二）交戰時代。　雖然天下事非一蹴可幾者。當漢之初。儒教以外諸學派。其燄未衰。墨也。老也。法也。皆當時與孔學爭衡者也。其在墨家。游俠一派。獨盛。朱家郭解之流。爲一時士夫所崇拜。太史公曰。儒以文亂法。而俠以武犯禁。儒謂孔也。俠謂墨也。蓋孔墨兩派。在當時社會勢力。殆相埒焉。（秦漢時人常以仲尼墨翟並稱或以儒墨儒俠並稱南海先生所著孔子改制考嘗彙鈔之得百餘條）其在道家。則漢初之時。殆奪孔席。蓋公之教曹參。（史稱曹參爲齊悼惠王相召諸儒百數問安集百姓之道言人人殊莫知所從聞膠西有蓋公善黃老言請之見之蓋公爲言治道清靜則民自定曹參大悅師之後相漢日飲醇酒與民休息皆得力於道家言也）黃生之事竇后。（漢書外戚傳云太后好黃帝老子言景帝及諸竇不得不讀老子尊其術按竇后爲文帝后文帝即位之年即册立而崩於武帝建元六年此四十五年間勢傾外廷天子宰相莫敢逆登高而呼故道家曾披靡朝野史稱老徒黃生與儒徒轅固生嘗辨難於帝前竇后怒使轅固入圈刺豕欲殺之其束縛言論自由

（可見一斑矣）此倡之自上者也。淮南王之著鴻烈解。（高誘注淮南子云天下方術之士多歸淮南於是蘇飛李尙左吳田由雷被毛被伍被晉昌等八人及諸儒大山小山之徒講論道德總統仁義以著此書其旨近於老子淡泊無爲蹈虛守靜云）司馬談之論六家要指。（史記太史公自序列其父談所論六家要指謂儒墨陰陽名法道各有所長而歸本於道家班固譏史公先黃老而後六經實則此乃談之言非遷之言也）此演之自下者也。故當時儒學雖磅礴鬱積於下。而有壓之於上者故未能得志焉。其在法家。則景帝時代鼂錯用事。（史稱錯與雒陽宋孟劉帶同學申商刑名之學於軹縣張恢然則張恢殆當時法家大師也）權傾九卿。法令多所更定。而武帝雖重儒術。實好察察之明。任用桑弘羊輩。欲行李悝商鞅之術以治天下。故儒法並立。而相水火於朝廷。鹽鐵論一書。實數千年來爭辨學術之第一大公案也。（鹽鐵論漢桓寬撰乃敍述始元六年丞相御史與所擧賢良文學論辨鹽鐵均輸之利害者也兩黨各持一見互相詰難洋洋十數萬言以視英國議院爭愛爾蘭自治案改正選擧法案者其論辨之激烈持理之堅確殆有過之無不及實中國學界政界放一大異彩也）由此觀之。當儒學將定未定之際。與之爭統者凡三家。就中隨分爲三小時期。第一期爲儒墨之爭。蓋承戰國『武士道』之餘習。四公子。（孟嘗平原信陵春申）之遺風。猶赫赫印人耳目。故重然諾。鋤强扶弱之美德。猶爲一世所稱羨。尙氣之士。每不惜觸禁網以赴之。而詆儒爲柔巽者有焉矣。雖然其道最不利於霸者。朝廷豪族。日芟而月鋤之。文景以降殆萎絕矣。第二期爲儒道之爭。道家有君（如竇太后文帝景帝等）相（如曹參汲黯等）以爲之後援。故其勢滋盛。而經數百年戰爭喪亂之後。與民休息。其道術固有適宜於當時之天擇者。故氣燄驟揚。而詆儒爲虛僞繁縟者有焉矣。雖然帝者之好尙變。而其統之盛衰亦與俱變。第三期爲儒法之爭。儒法兩有利於世主。而法家之利顯。而近。儒家之利隱而長。景武之時。急於功名。法語斯起。而詆儒爲迂腐不切者有焉矣。然當時儒法勝負之數。頗不在世主而在兩造之自力。蓋法家之有力者。不能善用其術。緣操切以致挫敗。而儒家養百年來之潛勢力。人才濟濟。頗能不畏强禦以伸其主義。故朝野兩途。皆占全勝也。自茲以往。而儒學之基礎始定。

（三）確立時代，自魏文侯以後最有功於儒學者，不得不推漢武帝，然武帝當竇后未歿以前，不能實行所志，彼其第一次崇儒政策，以武帝之雄才大略主持於上，竇嬰以太后之親為丞相，田蚡以帝舅為太尉，趙綰為御史大夫，王臧為郎中令，皆推崇儒術，將迎申公於魯，設明堂，制禮作樂，文致太平，然太后一怒，綰臧下吏，嬰蚡罷斥，遂以蹉跌，卒至后崩，蚡復為相，董仲舒對策賢良，請表章六藝，罷黜百家，凡非在六藝之科者，絕勿進，自茲以往，儒學之尊嚴，迥絕百流，遂乃興學校，置博士，設明經射策之科，公孫弘徒以緣飾經術，起家布衣，封侯策相，二千年來國敎之局，乃始定矣。

（四）變相時代，一尊既定，尊經逾篤，每行一事，必求合於六藝之文，哀平之間，新都得政，因緣外戚，遂覬非常，然必附會經文，始足以箝盈廷之口，求諸古人，惟有周公可以附合，爰使劉歆制作偽經，隨文竄入，力有不足，假借古書，古人削竹為篇，漆書其上，今之一卷，古可專本，其為工也多，故傳書甚少，其轉徙也艱，故受燬甚易，其為費也不貲，故白屋之士不能得書者甚衆，以此三者，故圖書悉萃祕府，歆既親典中書，任意抑揚，縱懷改竄，謂此石渠祕籍，非民間有也，人孰不從而信之，卽不見信，又孰從而難之，況有君權潛為驅督，於是鴻都太學，承用其書，奉為太師，視為家法，莒人滅鄫，呂種易嬴，自茲以往，而儒之為儒，又非孔子之舊矣。

（五）極盛時代，雖然，新歆之學，固未能遽以盡易天下也，而東漢百餘年間，孔學之全盛，實達於極點，今請列西漢與東漢之比較，（一）西漢有異派之爭，而東漢無有也，（西漢前半紀三小期之交戰時代不待言矣卽武帝別黑白定一尊以後亦尙有如汲黯之治黃老桑弘羊張湯之治刑法者東漢則眞絕矣）（二）東漢帝者皆受經講學，而西漢無有也，（明帝親臨辟雍養三老五更自章帝以下史皆稱其受經淵源）（三）西漢傳經之業，專在學官，而東漢則散諸民間也，（凡學權盤踞於一處者學必衰散布諸民間者學必盛泰西古學復興時代學權由敎會移於平民遂開近代之治其明證也西漢非謂博士不得受業雖有私授而其傳不廣東漢則講學之風盛於一時史所載如劉昆弟子常五百餘人注丹徒衆數百人楊倫講授大澤中弟子千餘人薛漢教授常數百人杜撫弟子千餘人曹曾魏應宋登丁恭皆弟子數千人樓望九千餘人牟長門下著錄萬餘人蔡玄萬六千人諸如此者不可枚舉（四）西漢傳經。僅憑口說。而東漢則著書極盛也。西漢說經之書惟有春秋繁露韓詩外傳一二種其餘皆口授而已東漢則除賈馬許鄭服何諸大家著述傳世人人共見者不計外其儒林傳所載如周防著四十萬言伏恭著二十萬言景鸞著五十萬言其餘數萬言者尚指不勝屈故謂東京儒術之盛。上軼往軌。下絕來塵。非過言也。

第三節　其派別

競爭之例。與天演相終始。外競既絕。內競斯起。於羣治有然。於學術亦有然。韓非子顯學篇。謂孔子卒後。儒分為八。顧漢代儒學雖盛。而所謂八儒者。則渺不可覩。其條葉跗萼。千差萬別。又迥非初開宗時之情狀矣。今欲言漢儒之派別。請先言漢以前之派別。

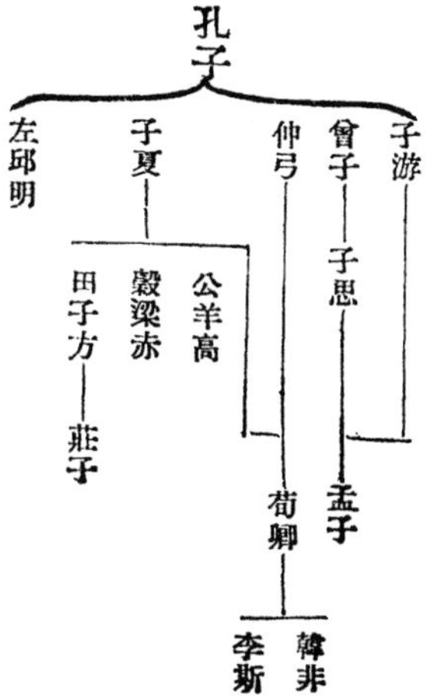

表例說明（一其流派不光大者不列　一列子游於孟子派者孟子言大同而大同之說本於禮運禮運爲子游所傳荀子非十二子篇攻思孟條下文云以爲仲尼子游爲茲厚於後世故知孟子之學出於子游也　一列仲弓於荀卿派者非十二子篇以仲尼子弓並稱論語言雍也可使南面正荀子君權之學統所自出也）

孔子之學。本有微言大義兩派。微言亦謂之大同。大義亦謂之小康。大同亦謂之太平。小康亦謂之撥亂。謂之升平。撥亂升平太平。春秋謂之三世。三世之中。復各含三世。如太平之撥亂。太平之升平。太平之太平等是也。大義之學。荀卿傳之。微言之學。孟子傳之。至微言中最上乘。所謂太平之太平者。或顏氏之子其庶幾乎。而惜其遺緒之湮沒而不見也。莊生本南派鉅子。而復北學於中國。含英咀華。所得獨深。殆紹顏氏不傳之統者哉。然其嗣續固不可以專屬於孔氏。然則孔學在戰國。則固已僅餘孟荀兩家最爲光大。而二派者。孔子之時便已參商。迨及末流。截然相反。孟子治春秋。荀子治禮。（春秋孔子所自作明改制致太平之意者也禮孔子所雅言爲尋常人說法者也）孟子道性善。荀子道性惡。（兩義皆孔子所有言大同者必言性善太平世當人人平等也言小康者必言性惡撥亂世當以賢治不肖也故言性善者必言擴充近於自由主義言性惡者必言克治近於專制主義）孟子稱堯舜。荀子法後王。（堯舜者大同之代表也禮運所謂大道之行也天下爲公選賢與能等是也後王者禹湯文武成王周公小康之代表也禮運所謂三代之英所謂六君子也所謂天下爲家各親其親各子其子貨力爲己大人世及以爲禮禮義以爲紀等是也）此其大端也。若其小節。更僕難終。孟子既沒。公孫丑萬章之徒。不克負荷其道。無傳。荀子身雖不見用。而其弟子韓非李斯等。大顯於秦。秦人之政。壹宗非斯。漢世六經家法。强半爲荀子所傳。（見汪容甫述學）而傳經諸老師。又多故秦博士。故自漢以後。名雖爲昌明孔學。實則所傳者。僅荀學一支派而已。此眞孔學之大不幸也。（漢代學術在荀派以外者惟公羊春秋耳）

漢儒流派繁多。綜其大別。可分兩種。

（一）說經之儒。

(二)著書之儒。

(一)說經之儒。在昔書籍之流布不易故欲學者皆憑口說非師師相傳其學無由故家法最重焉今請將各經傳授本師列表如下。

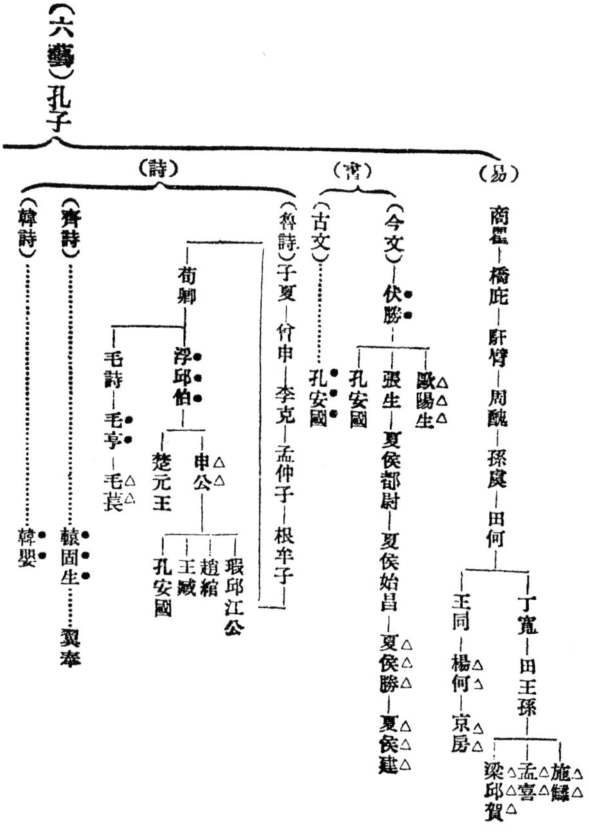

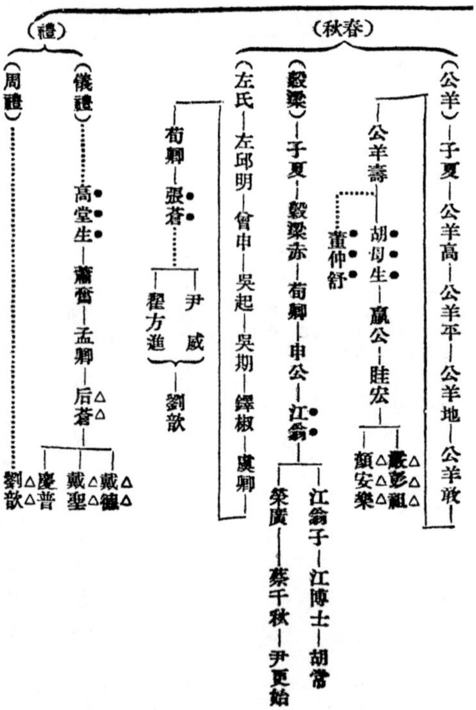

表例說明

一凡傳授不斷者以—爲識傳授不明者以┈爲識　一所表傳授人只據故書其眞僞非著者之責任　一每經於漢初第一本師旁施●●爲識立於學官者旁施△△爲識

由此觀之。魯詩毛詩穀梁春秋左氏春秋皆出自荀卿。傳有明文。而伏生轅固生張蒼皆故秦博士。禮經傳授。高堂生之前。雖不可考然荀卿一書。皆崇禮由禮之言。兩戴記又多採荀卿文字。則其必傳自荀門。可以推見。若是乎兩漢經術。其爲荀學者十而七八。昭昭然也。

論兩漢經學學派。最當注意者。今古文之爭是也。今文傳自西漢之初。所謂十四博士列於學官者是也。古文與於西漢之末。新莽篡國。劉歆校書時所晚出者也。今文雖不足以盡孔學。然猶不失爲孔學一支流。古文則經亂賊僞師之改竄附託。其與孔子之意背而馳者。往往然矣。古文雖不盛於漢代。然漢末魏晉間馬融鄭玄王肅之徒。大揚其波。逾六朝以及初唐。泐定五經正義。皆爲古文學獨占時代。蓋自是而儒者所傳習。不惟非孔學之舊。抑又非荀學之舊矣。今將漢代所立於學官者。列其今古文之派爲一表。

漢羣經立於學官者之宗派

經	今古文	家	立學官
易		楊(何)	武帝時立
		施(讎)	宣帝時立
		孟(喜)	同上
		梁邱(賀)	同上
		京(房)	元帝時立
		易皆今文 無古文	
書	(今文)	歐陽	武帝時立
		大夏侯(勝)	宣帝時立
		小夏侯(建)	同上
	(古文)	孔(安國)	平帝時立
詩	(今文)	魯(申公)	武帝時立
		齊(轅固)	同
		韓(嬰)	同
	(古文)	毛(萇)	平帝時立

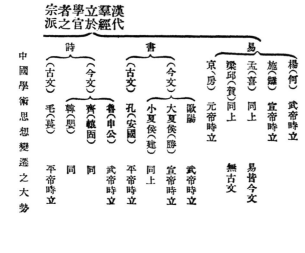

- 禮
  - (今文)
    - 后(蒼)　武帝時立
    - 大戴(德)　宣帝時立
    - 小戴(聖)　同
  - (古文)
    - 逸禮　平帝時立
    - 周官　未得立
- 春秋
  - (今文)
    - 公羊　武帝時立
    - 穀梁　元帝時立
    - 嚴(彭祖)　東漢初立
    - 顏(安樂)　同
    - 二家皆公羊支子出於胡毋生者也
  - (古文)
    - 左氏　平帝時立

綜而論之。兩漢經師。可分四種。(其一)口說家。專務抱殘守缺。傳與其人。家法謹嚴。發明頗少。如田何丁寬伏生歐陽生申公轅固生胡毋生江翁高堂生等其人也。(其二)經世家。衍經術以言政治。所謂以禹貢行水。以洪範察變。以春秋折獄。以三百五篇當諫書。如賈誼董仲舒龔勝蕭望之匡衡劉向等其人也。(其三)災異家。災異之說何自起乎。孔子小康之義。勢不得不以一國之權託諸君主。而又恐君主之權無限。而暴君益乘以爲虐也。於是乎思所以制之。乃於春秋特著以元統天以天統君之義。而羣經亦往往三致意焉。其即位也。畜天而治。其崩薨也。稱天而謚。是蓋孔子所殫思焦慮。計無復之。而不得已出於此途者也。不然。以孔子之聖智。寧不知日蝕彗見地震星孛鶂退石隕等。地文之現象。動物之恆情。於人事上政治上毫無關係也。而斷斷然視之若甚鄭重焉

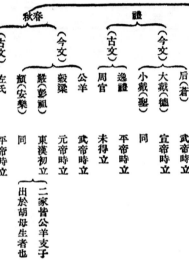

者毋亦以民權既未能興則政府之舉動措置既莫或監督之而匡糾之使非於無形中有所以相懾則民賊更何忌憚也孔子蓋深察夫據亂時代之人類其宗教迷信之念甚強也故利用之而申警之若曰『某某者天神震怒之象也某某者地祇怨恫之徵也其必由人主之失德使然也是不可不恐懼是不可不修省』夫人主者無論何人無論何時夫安能無失德則雖災變日起而無不可以附會但使稍自愛者能恐懼一二修省一二則生民之禍其亦可以稍弭此孔子言災異之微意也雖其術虛渺迂遠斷不足以收匡正之實效然用心蓋良苦矣江都最知此義故其對天人策三致意焉漢初大儒之言災異大率宗此恉也及於末流寖乖本誼牽合附會自惑惑人如書則有洪範五行禮則有明堂陰陽易則京房之象數災異詩則翼奉之五際六情（齊詩派）至於春秋又益甚焉馴至讖緯之學支離誕妄不可窮詰駸駸競起以奪孔席則兩漢學者之罪也（其四）訓詁家漢初大師之傳經也循其大體玩經文（見漢書藝文志）不爲章句訓故舉大義而已（見漢書儒林傳）故讀一經通一經之義明一義得一義之用自莽歆以後提倡校勘詁釋之學逮東都之末則賈馬許鄭益覃心於箋注以破碎繁難相夸尚於是學風又一變近啓有唐陸（德明）孔（穎達）之淵源遠導近今段（玉裁）王（引之）之嚆矢買櫝還珠去聖愈遠蓋兩漢經學雖稱極盛而一亂於災異再亂於訓詁災異亂其義訓詁亂其言至是益非孔學之舊而斯道亦稍陵夷衰微矣

（二）著書之儒　今所傳漢代著述除經注詞賦外其稍成一家言者有若陸賈之新語賈誼之新書董仲舒之春秋繁露司馬遷之史記淮南王安之淮南子桓寬之鹽鐵論劉向之說苑新序揚雄之法言太玄王充之論衡王符之潛夫論仲長統之昌言許慎之說文解字等四百年中寥寥數子而已而說文不過字書於學術思想全無關係鹽鐵論專紀一議案亦非可以列於作者之林新語眞贋未定新書割綴所成未足以概作者之學識要

之漢家一代著述。除淮南子外。皆儒家言也。而其有一論之價值者。惟董仲舒司馬遷劉向揚雄王充王符仲長統七人而已。江都繁露。雖以說經爲主。然其究天人相與之故。衍微言大義之傳。實可爲西漢學統之代表。史記千古之絕作也。不徒爲我國開歷史之先聲而已。其寄意深遠。其託義皆有所獨見。而不徇於流俗。本紀之託始堯舜（五帝）也。世家之託始泰伯也。列傳之託始伯夷也。皆貴其讓國讓天下。以誅夫民賊之視國土爲一姓產業者也。陳涉而列諸世家也。項羽而列諸本紀也。尊革命之首功。不以成敗論人也。孔子而列諸世家也。仲尼弟子而爲列傳也。尊教統也。孟荀列傳而包含餘子也。著兩大師以明羣學末流之離合也。老子韓非同傳。明道法二家之關係也。游俠有傳。刺客有傳。厲尚武之精神也。龜筴有傳。日者有傳。破宗教之迷信也。貨殖有傳。明生計學之切於人道也。故太史公誠漢代獨一無二之大儒矣。彼其家學淵源。既已深邃（太史公自序稱其父談學天官於唐都受易於楊何習道論於黃子）生於天下之中央。而足跡徧海內。（自序云遷生龍門耕牧河山之陽二十而南遊江淮上會稽探禹穴闚九疑浮於沅湘北涉汶泗講業齊魯之都戹困鄱薛彭城過梁楚以歸於是仕爲郎中奉使西征巴蜀以南南略邛笮昆明還報命今日版圖除兩廣貴州福建甘肅五省外史公足跡皆徧矣）蓋其於孔子之學。獨得力於春秋。（自序稱吾聞董生曰云云蓋史公於董子必有淵源矣公羊傳屢引子司馬子曰云云吾友仁和夏曾佑以爲必史公也）而南派北東派北西派之精華。皆能咀嚼而融化之。又世在史官。承胚胎時代種種舊思想。磅礡鬱積。以入於一百三十篇之中。雖謂史公爲上古學術思想之集大成可也。劉中壘粹然醇儒。然爲當時陰陽五行說所困。不能自拔。說苑陳義至淺。殆無足云。揚子雲新莽大夫。曲學阿世。著太玄以擬易。著法言以擬論語。是足以代表當時學者乏創作力。而惟存模擬性也。王仲任頗思爲窮理察變之學。然學識不足以副之。摭其小而遺其大。吾友餘杭章炳麟以比希臘之煩瑣哲學。斯爲近矣。節信（王符）公理（仲長統）雖文辭斐然。然止於政論。指摘當時末流之弊而已。於數千年學術思想界中。不足以占一席。若是乎兩漢之以著述嗚者。惟江都龍門二子。獨有心得。為學界放一線光明而已。嗟乎。斯道之衰。一何至是。君子觀於此而益歎言論自由思想自由之不可以已如是其甚也。

其於說經著書之外。足以覘當時文明之迹者。則詞賦為最優。而枚乘司馬相如揚雄班固等。其代表人也。而唐都洛下閎之曆數。張仲景之醫方。（著傷寒論）張衡之技巧。（製地動儀）亦有足多者焉。

第四節　其結果

儒學統一之運。既至兩漢而極盛。其結果則何如。試舉犖犖大者論之。

一曰名節盛而風俗美也。　儒學本有名敎之目。故砥礪廉隅。崇尚名節。以是為一切公德私德之本。孝武表章六藝。師儒雖盛。而斯義未昌。故新莽居攝。頌德獻符者徧天下。光武有鑒於此。故尊崇節義。敦厲名實。以經明行修四字。為進退士類之標準。故東漢二百年間。而孔子之所謂儒行者。漸漬社會。寖成風俗。至其末造。朝政昏濁。國事日非。而黨錮之流。獨行之輩。依仁蹈義。舍命不渝。風雨如晦。雞鳴不已。讓爵讓產。史不絕書。或千里以急朋友之難。或連軫以犯時主之威。論者謂三代以下風俗之美。莫尚於東京。非過言也。夫當時所謂名節者。其果人人出於真心與否。吾不敢言。雖然。孟德斯鳩不云乎。立君之國。以名譽心為元氣。孔子之政治思想。（專就其小康之統言）則正孟德斯鳩所謂立君政體也。故其所以維持之者。莫急於尚名。沿至東京。而儒效極矣。南史有云。『漢世士務修身。故忠孝成俗。至於乘軒服冕。非此莫由。』顧亭林亦云。『名之所在。上之所庸。而忠信廉潔者。顯榮於世。名之所去。上之所擯。而怙侈貪得者。廢錮於學。即不無一二矯僞之徒。猶愈於肆然而為利者。』又曰。『雖不能使天下之人以義爲利，猶使之以名爲利』名節者實東漢儒教一最良之結果也雖其始或爲『以名爲利』之一念所驅而非其本相乎至其寖成風俗則其欲利之第一性或且爲欲名之第二性所掩奪而舍利取名者往往然矣是孔學所以坊民之要具也

二曰民志定而國小康也　孔子之論政雖有所謂大同之世太平之治其所雅言者總不出上天下澤羣臣大防故東漢承其學風斯旨最暢范蔚宗之論以爲『桓靈之間君道秕僻朝綱日陵國隙屢啓自中智以下靡不審其崩離而權彊之臣息其窺盜之謀豪俊之夫屈於鄙生之議（後漢書儒林傳論）所以傾而未顚抑而未潰豈非仁人君子心力之爲乎』（同左雄傳論）誠哉其知言也儒教之結果使然也自茲以往二千餘年以此義爲國民教育之中心點宋賢大揚其波基礎益定凡搢紳上流束身自好者莫不兢兢焉義理既入於人心自能消其梟雄跋扈之氣束縛於名教以就範圍若漢之諸葛唐之汾陽近世之曾左皆食其賜者也夫共和之治既未可驟幾則與其亂臣賊子飜躍方軌以暴易暴誠不如戢其戾氣進之恭順而國本可以不屢搖生民可以不塗炭兩漢以後所以弑逆之禍稍殺於春秋而權臣日少一日者儒教治標之功不可誣也

此其結果之良者也若其不良者則亦有焉

三曰民權狹而政本不立也　儒教之政治思想有自相矛盾者一事則君民權限不分明是也大抵先秦政論有反對極端之兩派曰法家曰道家而儒實執其中法家主干涉道家主放任惟干涉也故君與民爲強制之關係惟放任也故君與民爲合意之關係（即近於契約之關係）惟強制關係也故重等差惟合意關係也故貴平等惟等差也故壓制暴威惟平等也故自由自治此兩者雖皆非政治之正軌要之首尾相應成一家言者也儒家則不然其

施政手段，則干涉也。（保民牧民，皆干涉政策之極軌也。）其君臣名分，則強制也。（所謂君臣之義，無所逃於天地之間。）其社會秩序，則等差也。（中庸：親親之殺，尊賢之等，禮所生也。）惟其政治之目的，則以壓制暴威為大戒。夫以壓制暴威為大戒，豈非仁人君子之極則耶。而無如不揣其本而齊其末，道固未有能致者也。儒教之所最缺點者，在專為君說法，而不為民說法。其為君說法奈何。若曰，汝宜行仁政也，汝宜恤民隱也，汝宜順民之所好惡也，汝宜採民之輿論以施庶政也。是固然也。若有君於此，而不行仁政，不恤民隱，不順民之所好惡，不採民之輿論，則當由何道以使之不得不如是乎。此儒教所未明答之問題也。夫有權之人之好濫用其權也，猶虎狼之嗜人肉也。向虎狼諄諄說法，而勸其勿食人，此必不可得之數也。謂余不信，則試觀二千年來，孔教極盛於中國，而歷代君主，能服從孔子之明訓，以行仁政而事民事者，幾何人也。然則其道當若何。曰，不可不箝制之以民權。當其暴威之未行也，則有權以監督之。當其暴威之方行也，則有權以屏除之。當其暴威之既革也，且有權以永絕之。如是然後當權者有所憚有所縛，而仁政之實乃得行。儒教不然，以犯上作亂為大戒，猶可言也。寖假而要君亦為大不敬矣，猶可言也。寖假而庶人議政亦為無道矣。（儒教亦多非常異義，如湯武革命順天應人之象，視民草芥視君寇讎之義，聞誅一夫未聞弒君之言，皆所以限制暴威之不二法門也。雖然，爭權而必出於革命，慘矣傷矣。且革命之後，復無所以限其權者，前虎退而後狼進，是革之無已時，而國將何以立也。故徒殺一虎殺一狼，不可也，必求所以絕虎狼之跡者，即不能，亦必使虎狼不能食人。由前之說，則共和政體是也。由後之說，則立憲君主政體是也。欲成郅治，舍此何以哉。而惜乎儒者之有所顧忌，而不敢昌言也。此所以雖有仁心，而二千年不能蒙其澤也。）是何異語人曰，吾已誡虎狼勿噬汝，汝但恭順俯伏於其側，雖犯汝而不可校也。雖曰小康時代，民智民力未充實，或有不能遽語於此者乎。雖然，其立言之偏，流弊之長，則雖加刃於我頸，我固不得為古人諱也。故儒家小康之言，其優於法家者僅一間耳。法家以為君也者，有權利無義務，民也者，有義務無權利。儒家（專指小康）以為君也者，有權利有義務，民也者，有義務無權利。其言君之有義務也，是其所以為優也雖然義務必期於實行不然則與無義務等耳夫其所以能實行者何也必賴對待者之權利以監督之今民之權利既怵於學說而不敢自有則君之義務其何附焉此中國數千年政體所以儒其名而法其實也（吾非崇道家言道家思想之乖謬而不全更甚也）故夫東京末葉鴻都學生郡國黨錮諸君子膏斧鉞實牢檻而不悔往車雖折而來軫益遒以若此之民德若此之士氣苟其加以權利思想知要君之必非罪惡而爭政之實爲本權即中國議會之治雖與於彼時可也徒以一間未達僅以補衮闕爲責任以淸君側爲旗幟曾不能乘此實力爲百世開治平以視希臘羅馬之先民其又安能無媿也嗚呼吾不敢議孔子吾不能不罪荀卿焉矣

四曰一尊定而進化沈滯也　進化與競爭相倚此義近人多能言之矣蓋宇宙之事理至繁賾也必使各因其才盡其優勝劣敗之作用然後能相引以俱上若有一焉獨占勢力不循天則以强壓其他者則天演之神能息矣故以政治論使一政黨獨握國權而他政黨不許容喙苟容喙者加以戮逐則國政未有能進者也若是者謂之政治之專制學說亦然使一學說獨握人人良心之權而他學說不爲社會所容若是者謂之學說之專制苟專制矣無論其學說之不良也即極良焉而亦阻學問進步之路此徵諸古今萬國之歷史而皆然者也儒教之在中國也佛教之在印度及亞洲諸國也耶教之在泰西也皆曾受其病者也但泰西則自四百年來異論蠭起舉前此之縛軛而廓淸之於是乎有哲學與宗教之戰有科學與宗教之戰至於今日而護耶教者自尊之如帝天非耶教者自攻之如糞土要之歐洲今日學術之昌明爲護耶教者之功耶爲攻耶教者之功耶平心論之兩者皆與有力焉而赫胥黎斯賓塞之徒尤倜乎遠矣而泰東諸國則至今猶生息於一尊之下此一切羣法所以瞠乎後也吾之爲此言讀者勿以爲吾欲攻孔子以爲耶氏先驅也耶氏專制之毒視中國殆十倍焉吾孔子非

自欲以其教專制天下也末流失眞大勢趨於如是孔子不任咎也若耶則誠以專制排外爲獨一法門矣故羅馬教會最全盛之時正泰西歷史最黑暗之日吾豈其於今日乃欲摭他人吐棄之唾餘而引而親之但實有見夫吾中國學術思想之衰實自儒學統一時代始按之實跡而已然證之公例而亦合吾又安敢自枉其說也吾更爲讀者贅一言吾之此論非攻儒教也攻一尊也一尊者專制之別名也苟爲專制無論出於誰氏吾必盡吾力所及以拽倒之吾自認吾之義務當然耳若夫孔子則固云萬物並育而不相害道並行而不相悖孔子之惡一尊也亦甚矣此乃孔子之所以爲大所以爲聖而吾所頂禮讚歎而不能措者也

或曰儒教太高尙而不能逮下亦其結果不良之一端焉蓋當人智未盛之時禍福迷信之念在所不免顧儒教全不及此使騃愚婦孺無所依仰夫以是而不得不出於他途坐是之故道家入之釋家入之馴至袁了凡派所謂太上老君文昌帝君者紛紛入之未始非乘儒教之虛隙而進也雖然以禍福迷信之說牖民雖非無利而利或不勝其敝吾中國國教之無此物君子蓋以此自喜焉

老學時代

三國六朝爲道家言猖披時代實中國數千年學術思想最衰落之時也申而論之則三國六朝者懷疑主義之時代也厭世主義之時代也破壞主義之時代也隱詭主義之時代也而亦儒佛兩宗過渡之時代也

東漢儒教之盛如彼乃不數十年至魏晉而衰落忽如此何也推原其故蓋有五端

一由訓詁學之反動力也漢季學者守師說爭門戶所謂『碎義逃難便辭巧說說五字之文至於二三萬言幼

童而守一藝。白首而不能通。』見漢書藝文志學問之汨沒性靈。至是已極。物極必反。矯往過直。故降及魏晉。人新厭勸。有提倡虛無者起。則羣率而趨之。舉一切思想。投入懷疑破壞之渦中。殆物理恆情。無足怪者。此其一。

一由魏氏之提倡惡俗也。晉泰始元年傅元上疏曰『近者魏武好法術。而天下貴刑名。魏文慕通達。而天下賤守節。』孟德既有冀州。崇獎跅弛之士。下令再三。至於求「負汙辱之名見笑之行不仁不孝。而有治國用兵之術者。」建安二十二年八月令時五年春令十九年十二月令語意皆同 於是風俗大壞。人心一變。顧亭林所謂『經術之治。節義之防。光武明章數世為之而未足。毀方敗常之俗。孟德一人變之而有餘。』誠哉其知言也。儒術之亡。半坐是故。此其二。

一由殺戮過甚人心皇惑也。漢世外戚宦官之禍。連踵繼軌。兩漢后妃之家。著聞者四十餘氏。大者夷滅。小者放竄。其身家俱全者。不得四五。宦官弄權。殺人如草。一朝為董袁所襲。亦無孑遺。人人漸覺骨肉之間。皆有刀俎。若乃黨錮之禍。俊顧廚及一網以盡。其學節冠一世。位望至三公者。亦皆駢首闕下。若屠豬羊。天下之人。見權勢之不可恃也如彼。道德學問之更不可恃也如此。人心旁皇。罔知所適。故一遁而入於虛無荒誕之域。芻狗萬物。良非偶然。此其三。

一由天下大亂民苦有生也。漢末自張角、董卓、李傕、郭汜、曹操、袁紹、孫堅、劉備以來。四海鼎沸。原野厭肉。谿谷盈血。繼以晉代八王五胡之亂。中原喋血。一歲數見。學者既無所用。亦困於亂離。無復有餘裕以研究純正切實之學。但覺我生靡樂。天地不仁。厭世之觀。自然發生。此其四。

以此四因。加以兩漢帝王儒者。崇上讖緯。迷信休咎。所謂陰陽五行之謬說。久入人心。而權勢道德。既兩無可憑。民志皇皇。以為殆有司命之者存。吾祈焉。禳焉。煉養焉。服食焉。或庶可免。於是相率而歸之。此其五。

此五者。殆當時學術墮落之最大原因也。故三國六朝間。老子之教偏天下。但其中亦有派別焉。

一曰玄理派　自魏文提倡曠達。舉世化之。前次建安七子既已以浮靡相尚。後遂為清談之俗者二三百年。開其宗者。實為何晏王弼。晉書王衍傳稱『晏弼祖述老莊。謂天地萬物皆以無為本。無也者。開物成務。無往而不存者也。』蓋其持之有故。言之成理。亦有應於時勢。而可以披靡天下者焉。此後如阮籍嵇康劉伶王衍王戎樂廣衛玠阮瞻郭象向秀之流。皆以談玄有大名於時。乃至父兄之勸戒。師友之講求。莫不以推究老莊為第一事業。（潘京傳云京與樂廣談廣深歎之謂曰君天才過人若加以學必為一代談宗京遂勤學不倦又王僧虔傳引其戒子書云汝未知輔嗣何所道平叔何所說而便執塵尾自稱談士此最顯事云云）當時六經之中。除易理外。盡皆閣束。而諸傳中稱揚人學問者。皆以「精研老易」等語。老易並稱。實當時之普通名詞也。范甯稱王弼何晏二人之罪。深於桀紂。卞壺斥王澄謝鯤。謂悖禮傷教。中朝傾覆。實由於此。非過言也。平心論之。若著政治史。則王何等傷風敗俗之罪。故無可假借。若著學術思想史。則如王弼之於老易。郭象向秀之於莊。張湛之於列。皆有其所心得之處。成一家言。以視東京末葉咬文嚼字知腐儒。殆或過之焉。老學雖偏激。亦南派一鉅子。世界哲學應有之一義。吾雖惡之。而不願為溢惡之言也。但其覽業之影響於羣治者。既若彼焉矣。無他。老子既已破壞一切為宗旨。而復以陰險之心術。詭黠之權謀佐之。故老學之毒天下。不在其厭世主義。而在其私利主義。魏晉崇老。其必至率天下而禽獸。勢使然也。此為當時老學正派。

二曰丹鼎派　馬貴與曰。『道家之術。雜而多端。蓋清淨一說也。煉養一說也。服食又一說也。經典科教又一說也。俱欲冒以老氏為之宗主。以行其教。』（文獻通考經籍考五十二）此實數千年道教流派之大略也。煉養服食兩派。期指歸略同。吾櫽括之。名曰丹鼎派。此派蓋導源於秦漢之交。始皇時侯生盧生等既倡神仙之說。漢初張良功成身退。

自言從赤松子遊。其是否依託。姑弗深考。但留侯必有此等思想。可斷言也。漢武迷信封禪。李少君欒大之徒。相與炫惑。於是煉養服食之說益盛。至漢末魏伯陽。著參同契。密勿傳授。其談益播。（後蜀彭曉序參同契云謂伯陽先示青州徐從事徐乃隱名而注之復以授同郡淳于叔通遂行於世）至晉葛洪而集其大成。洪著抱朴子內外編各四卷。神仙傳十卷。隱逸傳十卷。其他雜著一百餘卷。其言曰。『道者儒之本也。儒者道之末也。』更有所謂丹經者。發明服食之訣。其言詭誕。不可窮詰。而後世神仙家之思想實宗此。此派之說。其在前者。文成五利之徒。實依託以誑人主而取富貴。固不足道。至如魏葛輩。所志或不在是。蓋懷抱厭世思想。而又不悟解脫眞理。知有軀殼。不知有靈魂。徒欲長生久視。游戲塵寰。是野蠻時代宗教思想必有之現象。無足怪者。（印度婆羅門外道每欲速滅其軀殼以享涅槃之樂中國神仙家言每欲長保其軀殼以享飛昇之樂雖其見地之深淺不同要之爲軀殼所迷縛一也古埃及人用木乃伊術保全屍體是由重視軀殼所致也耶教號稱重魂而其言末日審判死者皆從塚中復生其爲軀殼所迷亦至矣宗教進化之第一級莫不如是神仙家言又何責焉）此爲當時老學第一別派。

三曰符籙派。符籙之視丹鼎。風益下矣。丹鼎派起於漢初。符籙派起於漢末。順桓間。宮崇襄楷。始以于吉神書上於朝。後張角用其術以亂天下。（後漢書襄楷傳云「楷上書言臣前上琅邪宮崇所受于吉神書不合明聽」又云「初琅邪宮崇詣闕上其師于吉於曲池泉水上所得神書百七十卷號太平清令書其言陰陽五行爲家而多巫覡雜語有司奏崇所上妖妄不經乃收藏之後張角頗有其書焉」云云是張角之術所自本也按于吉神書即道家所謂太平經者宋中興史志始著錄馬端臨經籍考存其目于吉後爲孫策所殺順帝時距孫策據江東已七十餘年矣」）同時張道陵亦託此術。密相傳授。延至後世。仰爲眞人。奉爲天師。（按三國志裴注云張陵漢順帝時人入蜀居鵠鳴山中造符書爲人治病陵子衡衡子魯以其法相授自號師君其衆曰鬼卒曰祭酒曰理頭朝廷不能討就拜魯爲漢寧太守此爲張陵始末見於傳記者也後寇謙之自言嘗遇老子命繼道陵爲天師於是六朝以來天師之號起通致載唐天寶六載以後漢天師子孫嗣眞敎冊贈天師爲太師宋太宗祥符九年賜信州道士張正隨號眞靜先生自元凡嗣世者皆賜號元至元十三年賜張宗演靈應沖和眞人之號給三品銀印其後屢有加號皆秩至一品明太祖時改爲二品沿襲以至於今幾與孔氏之衍聖公耶氏之敎皇等矣豈不異哉）自是南北朝士大夫。習五斗米道（即張陵派之名）敎者。史不絕書。

而寇謙之最顯於北。（魏書釋老志云寇謙之自言遇仙人成公興授以大法又遇太上老君命之繼天師張陵之後處師位賜以雲中音誦新科之誡二十卷云云太上老君及天師等名稱實始於此其後崔浩師事之受其法術言之於元魏世祖乃遣使奉玉帛牲牢迎致焉於是崇奉天師顯揚新法宣布天下道業大行每帝即位必受符籙以爲故事云云）陶弘景最顯於南。（梁書言陶弘景好陰陽五行風角星算修辟穀導引之法受道經符籙武帝素與之游及禪代之際弘景取圖讖之文獻之恩詛益厚及即位猶自上章朝士受道者衆三吳及邊海之際信之踰甚陳武世國吳興故亦奉焉）蓋六藝九流。一切掃地。而此派獨滔滔披靡天下矣。竊嘗論之。其時佛教已入震旦。妖妄者流。竊其象教密宗最粗淺之說。以欺惑愚衆。故其所言天地淪壞劫數終盡。略與佛經同。又言天尊之體。常年不滅。往往開劫度人。（彼中言天尊開劫已非一度有延康赤明龍漢開皇等年號其間相去四十一億萬載云云皆竊佛氏過去七佛之說成住壞空四劫之論也）皆損益四阿含俱舍論等所說。剽竊之跡。顯然可見。而復取兩漢儒者陰陽五行之迷信以緣附之。故吾謂此時爲儒佛過渡時代。此派實其最著者也。此爲當時老學第二別派。

四曰占驗派。　自西京儒者翼奉眭孟劉向匡衡龔勝之徒。既已盛說五行。夸言讖緯。及光武好之。其流愈鬯。東京儒者張衡郎顗。最稱名家。襄楷蔡邕楊厚等。亦班班焉。於是所謂風角、遁甲、七政、元氣、六日七分、逢占、日者、挺專、須臾、孤虛、雲氣諸術。（諸術名義解俱見後漢書方術列傳注恕不具引）盛行於時。後漢書方術列傳。所載者三十三人。皆此類也。然其術至三國而大顯。始儼然有勢力於社會。若費長房、于吉、管輅、左慈輩。其尤著者也。其後郭璞著葬書。（此書四庫著錄或言依託璞名）注青囊。（此書今佚）爲後世堪輿家之祖。而嵇康亦有難宅無吉凶論。則其時風水說之盛行可知。隋志著錄珞琭子一書。（六朝人撰）言祿命者以爲本經。而臨孝公有祿命書。陶弘景有三命抄。實後世算命家之祖。衞元嵩著元包。庾季才著靈臺祕范。（皆北周人）爲後世言卜筮者之大成。陶弘景著相經。爲後世言相法者之祖。凡千年以來。誣罔怪誕之說。汨溺人心者。皆以彼時確然成一科學。雖謂魏晉六朝間爲陷溺社會之罪惡府可也。此爲當時老學第三別派．

要而論之當時實道家言獨占之時代也其文學亦彪炳可觀而發揮厭世精神亦最盛所謂『對酒當歌人生幾何譬如朝露去日苦多』等語其代表也此皆老子「芻狗萬物」楊朱「奚遑死後」之意也雖我國二千年文學大率皆此等音響而魏晉六朝爲尤甚焉曾無雄奇進取之氣惟餘靡靡頹惰之音老楊之毒厥使然也其時治經學者雖有若王肅杜預虞翻劉焯劉炫徐遵明之流然曾不能於東京學風外有所建樹徒咬文嚼字破碎逾甚北史儒林傳謂『南學簡約得其精華北學深蕪窮其枝葉』兩派之概象雖不同要其於數千年儒學史無甚關係一也雖謂其時爲儒學最銷沈之時代可也．

佛學雖自漢明以後已入中國苻秦崇法廣事翻譯宗風漸衍然謂之爲佛學萌芽時代則可竟謂之爲佛學時代則不可蓋當時之治佛學者徒誦讀經文皈依儀式而於諸乘理法曾無所心得也．

老學之毒雖不止魏晉六朝卽自唐以後至今日其風猶未息雖然遠不如彼時之盛矣其派別之多亦遠有所遜故劃分數千年學術思想史而名彼時爲老學時代殆無以易也．

佛學時代

第一節　發端

吾昔嘗論六朝隋唐之間爲中國學術思想最衰時代雖然此不過就儒家一方面言之耳當時儒家者流除文學外．（儒學與文學適成反比例著中國儒學史當以六朝唐爲最衰時代著中國文學史當以六朝唐爲全盛時代）一無所事其最錚錚於學界者如王通陸德明孔穎達韓愈之流。其於學術史中。雖謂無一毫之價值焉可也。雖然。學固不可以儒教爲限。當時於儒家之外。有放萬丈光燄於歷史上者焉。則佛教是已。六朝三唐數百年中。志高行潔學淵識拔之士。悉相率而入於佛教之範圍。此有所盈。則彼有所絀。物莫兩大。儒教之衰。亦宜。

或曰。佛學外學也。非吾國固有之學也。以入中國學術思想史。毋乃不可。答之曰。不然。凡學術苟能發揮之光大之。實行之者。則此學卽爲其人之所自有。如吾游學於他鄉。而於所學者。既能貫通。既能領受。親切有味。食而俱化。而謂此學仍彼之學。而非我之學焉。不得也。一人如是。一國亦然。如必以本國固有之學。而始爲學也。則如北歐諸國。未嘗有固有之文明。惟取諸希臘羅馬。取諸猶太者。則彼之學術史。其終不可成立矣。又如日本未嘗有固有之文明。惟取諸我國。取諸歐西者。則彼之學術史。其更不可成立矣。故論學術者。惟當以其學之可以代表當時一國之思想者爲斷。而不必以其學之是否本出於我爲斷。

審如是也。則雖謂隋唐之交。爲先秦以後學術思想最盛時代可也。前乎此者兩漢之經學。非所及也。而餘更無論也。後乎此者宋明之理學。非所及也。而餘更無論也。又不惟在中國爲然耳。以其並時舉世界之學術思想界校之。印度自大乘教諸鉅子入滅後。繼法無人。（其繼法者悉在中國）日以萎微。歐洲則中世史號稱黑闇時代。自羅馬滅亡以後。全歐爲北狄所蹂躪。幾陷於無歷史之域。當時所賴以延文明絕續於一線者。惟恃一頑舊專制之天主教而已。印度歐洲如此。而餘更無論也。故謂隋唐之學術思想。爲並時舉世界獨一無二之光榮可也。縱說之則如彼。橫說之則如此。故隋唐學者。其在本論中占一重要之位置也。不亦宜乎。

第二節　佛學漸次發達之歷史

中國之受外學也與日本異日本小國也且無其所固有之學故有自他界入之者則其趨如鶩其變如響不轉瞬而全國與之俱化矣雖然充其量不過能似人而已(實亦不能眞似)終不能於所受者之外而自有所增益自有所創造中國不然中國大國也而有數千年相傳固有之學壁壘嚴整故他界之思想入之不易雖入矣而閱數十年百年常不足以動其毫髮譬猶潑墨於水其水而爲徑尺之盂方丈之池也則墨痕倏忽而徧矣其在滔滔之江泱泱之海則寧易得而染之雖然吾中國不受外學則已苟既受之則必能盡吸其所長以自營養而且變其質神其用別造成一種我國之新文明青出於藍冰寒於水於戲深山大澤實生蛟龍龍伯大人之脚趾遂終非僬僥國小丈夫之項背所能望也謂余不信請徵諸佛學

佛法之入震旦也據別史所言或謂秦時與竇利防等交通西漢時從匈奴得金人實爲我國知有佛之嚆矢眞僞第弗深考其見於正史信而有據者則東漢明帝永平十年西印度之攝摩竺法蘭兩師應詔齎經典而至於是佛之敎義始東被雖然我民族宗敎迷信之念甚薄莫之受也至桓帝始自信之興平間民間亦漸有信者三國時代支纖支亮支謙皆自印度來傳敎時號三支魏嘉平二年曇摩訶羅始以戒律來象敎漸備雖然當時道家言極盛全國爲所掩襲莫能奪也而亦有漸認佛敎勢力之不可侮起而與之爲難者(魏明帝時有費叔牙褚善信二道士著道佛優劣論有牟子作理惑論而吳主孫皓亦有廢佛教之議必其既興始有辨之有廢之者矣)及晉代魏始漸成爲一科學之而目時則有佛圖澄者來自西域專事譯經東晉以還偉人輩出若道安若惠遠若竺道潛若法顯其尤著也道安與習鑿齒等游專闡揚佛敎於士大夫之間惠遠開廬山日夜說法佛敎講壇實始於此爲淨土宗之濫觴焉法顯橫雪山以入天竺齎佛典多種以歸著佛國記我國人之至印度者此爲第一法顯三藏者不徒佛敎界之功臣而已抑亦我國之立溫斯敦也

而同時北方一大師起。為佛教史中開一新紀元。曰鳩摩羅什。羅什。龜茲國人。既精法理。且嫻漢語。以姚秦弘始三年始入長安。日夜從事繙譯。一切經論成於其手者。不知凡幾。門徒三千。達者七十。上足四人。道生道融僧肇僧叡。其最顯著也。羅什之功德不一。而其最大者。為大乘佛教。前此諸僧用力雖劬。然所討論。僅在小乘耳。至羅什首傳三論宗宗義。譯法華經。又譯成實論。實為成實宗入中國之始。自茲以往。佛馱跋陀羅譯華嚴。曇無識譯涅槃。而甚深微妙之義。始逐漸輸入。學界壁壘一新矣。南北朝之際。海宇鼎沸。羣雄四起。而佛教之進路亦多歧。宋少帝時譯五分律。文帝時譯觀普賢經觀無量壽經瓔珞經等。又迎求那跋摩於罽賓。築戒壇以聽法。中國之有戒壇自茲始。歷陳涉隋。以逮初唐。諸宗並起。菩提流支始倡地論宗。達摩始倡禪宗。真諦三藏始倡攝論宗及俱舍宗。智者大師始倡天台法華宗。南山律師始倡律宗。善導大師始倡淨土宗。慈恩三藏始倡法相宗。賢首國師始倡華嚴宗。善無畏三藏始倡眞言宗。萬馬齊奔。百流洶匯。至是遂為佛學全盛時代。

第三節　諸宗略紀

今請將六朝隋唐間有力之諸宗派別為一表。示其統系。

宗名	開祖	印度遠祖	初起時	中盛時	後衰時
成實宗	鳩摩羅什	訶梨跋摩	晉安帝時	六朝間	中唐以後
三論宗	嘉祥大師	龍樹、提婆、	同上	同上	同上
涅槃宗	曇無讖	世親	同上	宋齊	陳以後歸入天台

律宗	南山律師	曇無德	梁武帝時	唐太宗時	元以後
地論宗	光統律師	世親	同上	梁陳間	唐以後歸華嚴
淨土宗	善導大師	馬鳴、龍樹、世親、	同上	唐宋明時	明末以後
禪宗	達摩大師	馬鳴、龍樹、提婆、世親、	同上	同上	同上
俱舍宗	眞諦三藏	世親	陳文帝時	中唐	晚唐以後
攝論宗	同上	無著、世親、	同上	陳隋間	唐以後歸法相
天台宗	智者大師	…………	陳隋間	隋唐間	晚唐以後
華嚴宗	杜順大師	馬鳴、堅慧、龍樹、	陳	唐則天後	同上
法相宗	慈恩大師	無著、世親	唐太宗時	中唐	同上
眞言宗	不空三藏	龍樹、龍智	唐玄宗時	同上	同上

以上十三宗。除涅槃。地論。攝論。三家歸併他宗外。自餘十宗。皆經過極光大之時代。互起角立。支配數百年間之思想界者也。今按其所屬教乘。再示一表。

- 教理
  - 小乘教
    - 俱舍宗
    - 成實宗
  - 權大乘教
    - 律宗
    - 法相宗
    - 三論宗

大乘教
- 華嚴宗
- 天台宗
- 眞言宗
- 淨土宗
- 禪宗

諸宗之教旨若縷述之雖數十萬言猶不能殫且亦非余之淺學所能及也是以不論論其歷史（本論原以中國爲主不能他及但各宗起原多與印度有關係故不得不追論及之）

（一）俱舍宗　佛滅後九百年世親菩薩依四阿含經（增一阿含經五十一卷中阿含經六十卷長阿含經二十二卷雜阿含經五十卷皆小乘經也）造俱舍論三十卷實爲本宗之嚆矢時印度自佛家乃至外道莫不競學大顯勢力於西域及陳文帝天嘉四年印度高僧波羅末那（即眞諦三藏）攜梵本以詣震旦以五年之功譯成之名曰「阿毘達磨俱舍論」卽所謂舊俱舍者是也陳智愷唐淨慧皆爲作疏及唐貞觀間玄奘法師親赴天竺從僧伽耶舍論師學俱舍之奧義歸國後重譯原本釐爲三十卷其弟子神泰普光法寶尊競爲疏記遂以流通但此宗本爲法相之初步故亦名法相宗之附屬宗云

（二）成實宗　本宗之祖師卽創成實論之訶梨跋摩其人也生於佛滅後九百年嘗從「有宗」本師受迦旃延之論（時印度佛派有「有宗」「空宗」兩大派）覺有所未慊乃通覽大小乘自創此論然其宗義不盛於印度至姚秦弘始十三年鳩摩羅什始譯之以行於支那其弟子曇影爲之筆述僧叡爲之注釋於是此義遂光自晉末至唐初二百年間浸淫一世齊梁之間江南尤盛云但此論本與「三論」並譯其傳法者率皆兩習故亦名三論宗之附屬宗云

（三）律宗　自佛入滅以後，迦葉尊者與五百羅漢結集大藏，分為經律論之三藏，律之在教中蔚為大國矣，其入中國也，始於曹魏嘉平二年曇摩訶羅始傳所謂「十八受」者，劉宋元嘉十一年始行「尼受」（謂比丘尼所受戒律）迨姚秦弘始六年，鳩摩羅什始譯十誦律，其後僧祇律等相續出世，律教漸入震旦矣，其卓然完成一宗者，則自南山律師道宣始，南山生隋開皇間，受戒於智首律師之門，後隱於終南，研精戒律，及奘師西游歸國，開譯壇於長安，南山親為其書記，譯律數百卷，證明戒律為圓頓一乘之旨，非小乘所得專有，其有功於佛教，實非淺尠，其時與之並起者復有兩派，一曰相部宗，法礪律師所創，二曰東塔宗，懷素律師所創，並南山宗統稱律家三宗云，然彼兩宗不光大，獨南山律至元代猶保持宗勢不衰，

（四）法相宗　法相、天台、華嚴、三宗亦稱教下三家，皆大乘妙諦，而當時佛學中之最光大者也，此宗一名唯識宗，以大意明唯識，故又名慈恩宗，以開祖為慈恩，故本宗印度傳法最為分明，佛說大乘經中華嚴、深密、楞伽經等闡揚萬法唯識之義，實為斯學所本，佛滅後九百年，彌勒慈尊應無著菩薩之請，說五部大論，所謂「瑜伽師地論」「分別瑜伽論」「大莊嚴論」「辨中邊論」「金剛般若論」是也，無著承彌勒之旨，復造「顯揚論」「對法論」等，同時有世親菩薩（無著之弟）造「五蘊論」「百法明門論」「唯識三十頌」等，大弘斯旨，復次佛滅後十一世紀有難陀護法尊十大論師，皆注世親「三十頌」，各有心得，而護法之弟子戒賢論師，所謂傳法大將，冠絕一時，深究瑜伽唯識聲明因明等之蘊奧，在五印度中號稱辯才第一，傳鉢奘師，以惠震旦，自茲以往，西域此學微矣，唐貞觀三年，玄奘三藏求法西行，（坊間小說西游記即演奘師事蹟也）孑身徧歷五印，得禮戒賢，盡受五大論，（即彌勒所造）十支論，（即無著以下所造）博通因明聲明諸學，（印度當時有所謂五明者，佛徒外道並學之，其因明即名學，日本所謂論理學也）歸國以後，弘暢斯旨，實

爲法相宗入中國之嚆矢。玄奘高足窺基。號慈恩法師。悉受微言。妙達玄旨。於是述疏證義。確立宗規。本宗大成。實由於是。再傳爲淄州惠治。著「唯識了義燈」。三傳爲樸揚智周。著「唯識演祕」。經此數師。宗義遂日以光大。

(五)三論宗　三論云者。(一)中論。(二)十二門論。(三)百論也。前二爲龍樹菩薩造。後一爲提婆菩薩造。故本宗祖龍樹提婆。（或加大智度論亦名四論宗）鳩摩羅什實提婆三傳弟子也。傳法東來。專弘此宗。四論飜譯。皆出其手。什師門下。生（道生）肇（僧肇）融（道融）叡（僧叡）影（曇影）觀（慧觀）恆（道恆）濟（曇濟）之八傑。皆受大義。曇濟授道朗。道朗授道詮。道詮授法朗。法朗授嘉祥。至嘉祥大師（名吉藏）而此宗全盛。其藏玄奘復從印度清辨智光兩大師更受微言。復有地婆伽羅者東來。口授宗義於慈恩。慈恩遠承什譯。近稟奘傳。旁參伽說。著「十二門宗致義記」。而此宗遂以大成。

(六)華嚴宗　我佛世尊從菩提樹下起。卽爲深位菩薩文殊普賢尊說華嚴三十八品十萬偈。實佛乘中甚深微妙一乘最極之法門也。當是時聲聞緣覺。根器未熟者。聽之如聾如啞。佛滅五百年。馬鳴菩薩作「大乘起信論」。演眞如緣起法門。卽本此經。次七百年。龍樹菩薩出現。造「大不思議論」。以解釋之。次九百年。天親菩薩造「華嚴十地論」。此三師者。稱本宗印度之列祖。其在支那。東晉義熙十四年。跋陀羅始譯華嚴六十卷。其後諸師講說流布。製疏撰章者雖不尠。然未能確然成一宗派。陳隋間。杜順禪師始提義綱。標立宗名。著「華嚴法界觀門」。「五敎止觀」。「十玄章」。等大暢妙旨。是爲開宗初祖。二祖智儼作「搜玄記」。「孔目章」。等三祖法藏稱賢首國師。作「五教章」。以明本宗之敎相。作「探玄記」二十卷。以解華嚴。其餘著述尚二十餘部。圓宗宗風。至此大成。故賢首亦稱華嚴太祖。賢首歿後。有慧苑者。私逞臆見。刊落師說。宗統將墜。四祖澄觀慨之。

作「華嚴大疏鈔」破斥異轍恢復正宗諸祖心傳賴以不墜所謂淸凉國師是也五祖宗密稱圭峯禪師紹述淸凉盛弘華嚴兼通諸宗斯道益以光大此五傑者所謂華嚴五祖也

(七)天台宗　亦名法華宗蓋以依法華經立宗故此宗不上承印度創始之者實由我支那則智者大師其人也師名智顗陳隋間人以居天台山故此宗得名時有南嶽慧思禪師德高一世自證三昧智者往謁之則曰昔日靈山同聽法華宿緣所追今復來矣乃使修法華三昧越十四日智者大徹大悟遂直接佛傳創立此派荊溪尊者智者第六代法孫也「止觀義例」云『一家敎門所用義旨以法華爲宗骨以智論按指大智度論也爲指南以大經按指涅槃經也爲扶疏以大品按指大品般若經也爲觀法引諸經以增信引諸論以助成觀心爲經諸法爲緯織成部帙不與他同』云云本宗創立之眞相實括於是次有章安大師承天台後廣傳宗風天台惟散說章安始結集以成一宗典籍以作一家綱目次有智威、慧威、玄朗、妙藥幷稱龍象中唐以後荊溪尊者湛然最顯焉

(八)眞言宗　佛敎有顯密二敎之別此宗卽所謂密敎也密敎者何不恃言語以立敎者也據佛家言佛有三身(一)釋迦佛(二)大日如來佛(三)彌陀佛實一佛之德所流出之三體也按略如耶教三位一體之說大日者釋迦之法身釋迦者大日之化身也故後世學者綜別諸宗亦分爲釋迦敎、大日敎、彌陀敎三類今所舉十宗惟眞言宗屬大日敎淨土宗屬彌陀敎今婦孺通念南無阿彌陀佛卽宗彌陀敎也餘八宗皆屬釋迦敎相傳金剛薩埵親受法門於大日如來如來滅後七百年薩埵以授龍猛菩薩龍猛授龍智龍智授善無畏善無畏始來唐翻大日經以授金剛智金剛智實支那傳法初祖也其後不空和尚東來承金剛智之後復從事翻譯爲玄宗肅宗代宗三代國師眞言宗之確立實自不空始雖然此宗不盛於我國後經空海卽創造日本字母之人傳諸日本日本今特盛焉西藏蒙古暹羅亦行之

（九）淨土宗　此宗所依者三經無量壽經觀無量壽經阿彌陀經一論往生淨土論天親菩薩造以念佛藉他力而求解脫即所謂彌陀教也印度先師推天親菩薩天親入滅後五百年菩提流支始　淨土法門於震旦先是後漢時安息國沙門安淸高始譯無量壽經二卷及晉慧遠法師結白蓮社於廬山念佛修行已爲此宗之嚆矢然法門未備菩提流支之入中國實北魏永平元年也流支以授曇鸞鸞著「往生淨土論註」大弘斯旨其後隋大業間有道綽唐貞觀間有善導皆錚錚大師也禪宗天台法相華嚴等諸宗雖極盛於當時然其教理甚深微妙非鈍根淺學人所能領解故信奉者僅在士大夫獨淨土宗以他力教義感化愚夫愚婦凡難解之教理概置不論故其勢力廣被披靡全國善導禪師在世之時屠肆殆無過問者云其力量可見一斑矣今世俗所謂佛教者大率猶汲此宗之末流也

（十）禪宗　法相入台華嚴稱曰教下三家禪宗稱教外別傳此四宗者皆大乘上法各有獨到而中國佛學界之人才亦悉在於是矣禪宗以不著語言不立文字直指本心見性成佛爲教義一變佛教之窠臼後此宋明間儒佛混合皆自此始此宗歷史相傳靈山會上釋尊拈花迦葉微笑正法眼藏於茲授受其後迦葉尊者以衣鉢授阿難中間經歷馬鳴龍樹天親等二十七代密密相傳不著一字直至達摩禪師自迦葉迄達摩是爲印度二十八祖達摩承二十七祖之命東渡震旦當梁武帝普通七年始至廣東後入嵩山面壁十年始得傳法之人傳已遂入滅故達摩亦稱震旦禪宗初祖二祖慧可三祖僧璨四祖道信皆依印度師祖之例不說法不著書惟求得傳鉢之人即自圓寂至五祖弘忍號黃梅大師始開山授徒門下千五百人玉泉神秀爲首座竟不能傳法而六祖大鑑慧能以不識一字之賃舂人受衣鉢焉後神秀復師六祖悟大法於是乎禪宗有南北二派南慧能北

神秀也。自六祖以後。鉢止不傳。然而教外密傳。遂極光大。爾後遂衍為雲門法眼曹洞溈仰臨濟之五宗。宋明以來。益滔滔披靡天下。今列禪門五宗表如下。

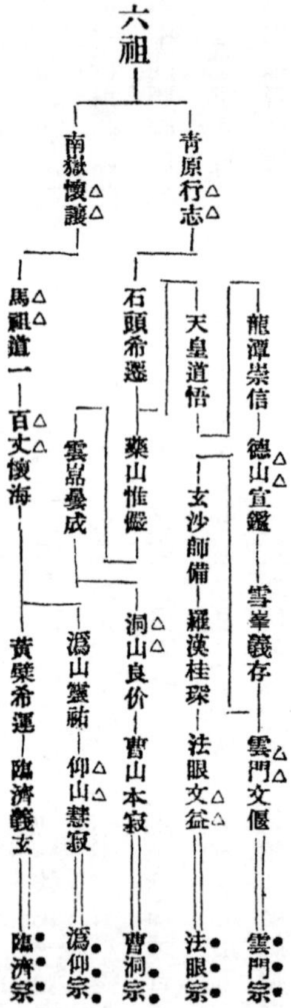

上諸宗傳授之大略也。至各派之長短得失。固非淺學所能言。亦非本論所應及。故從闕如。若吾國佛學之特色。及諸哲學說之尤精要者。請於次節試論之。以鄙人雖好學佛。然實毫無心得。凡諸論述。皆貧子說金之類而已。此節所記歷史。據日本人所著「八宗綱要」「十二宗綱要」「佛教各宗綱領」等書。獺祭而成。非能自記憶自考證也。但合彼十數萬言之書。撮為數葉。亦頗劬耳。此等乾燥無味之考據。知為新學界所不喜。但此亦是我國學術思想一大公案。學者所不可不知也。撮而錄之。亦足以省繙檢之勞云爾。　著者識

第四節　中國佛學之特色及其偉人

美哉我中國。不受外學則已。苟受矣。則必能發揮光大。而自現一種特色。吾於算學見之。吾於佛學見之。中國之

佛學乃中國之佛學。非純然印度之佛學也。不觀日本乎。日本受佛學於我。而其學至今無一毫能出我範圍者。雖有眞宗日蓮宗爲彼所自創。然眞宗不過淨土之支流。日蓮不過天台之餘裔。非能有甚深微妙。得不傳之學於遺經者也。（眞宗許在家修行許食肉帶妻是其特色但此亦印度所謂優婆塞中國所謂居士之類耳若以此爲佛徒也何如禪宗直指本心並佛徒之名亦不必有之爲高乎）未嘗能自譯一經。未嘗能自造一論。未嘗能自創一派。以視中國。瞠乎後矣。此事非我泱泱大國民可以自豪於世界者乎。吾每念及此。吾竊信數十年以後之中國。必有合泰西各國學術思想於一爐而冶之。以造成我國特別之新文明。以照耀天壤之一日。吾頂禮以祝。吾跂踵以俟。高山仰止。景行行止。吾請謳歌隋唐間諸古德之大業。爲我青年勸焉。

中國之佛學。其特色有四。

（第一）自唐以後。印度無佛學。其傳皆在中國。　基督生於猶太。而猶太二千年來無景教。景教乃盛於歐西諸國。釋尊生於印度。而印度千餘年來無佛教。佛教乃盛於亞東諸國。豈不悲哉。豈不異哉。佛滅度後數百年間五印所傳。但有小乘。小乘之中。復生分裂。上座大衆。各鳴異見。別爲二十部。至五世紀（凡世紀皆以佛滅後計下仿此）外道繁興大法不絕如縷。至六世紀末而有馬鳴。七世紀而有龍樹提婆。九世紀而有無著世親。十一世紀而有淸辨護法十二三世紀而有戒賢智光。其可稱眞佛教者。不過此五百年間耳。自玄奘西游。徧禮戒智諸論師。受法而歸。於是千餘年之心傳。盡歸於中國。自此以往。印度敎徒。徒事論戰。怠於布敎。而婆羅門諸外道。復有有力者起。日相攻掊。佛徒不支。乃思調和。浸假採用婆羅門敎規。念密咒。行加持。開敎元氣。銷滅以盡。至十五世紀。而此母國。已無復一佛跡。此後再蹂躪於回敎。三侵蝕於景敎。而佛學遂長已矣。轉視中國。則自唐以來。數百年間。大師踵起。

新宗屢建。禪宗既行。舉國碩學。皆參圓理。其餘波復披靡以開日本佛教之不滅。皆中國諸賢之功也。中間雖衰息者二三百年而至今又駸駸有復興之勢（近世南海瀏陽皆提倡佛學吾意將來必有結果）他日合先秦希臘印度及近世歐美之四種文明而統一之光大之者其必在我中國人矣此其特色一也

（第二）諸國所傳佛學皆小乘。惟中國獨傳大乘。　佛教之行。西訖波斯北盡鮮卑（即西伯利亞）南至暹羅東極日本凡亞洲中大小百數十國。無不徧被。（吾深疑耶教爲剽竊印度婆羅門及佛教而成者其言天主即韋陀論所謂梵天大自在天其言永生即佛教所謂涅槃自餘天堂地獄之論禮拜祈禱之式無一不與小乘法相類古代希臘埃及猶太印度既有交通如希臘大哲德黎史家亦謂其嘗至印度然則印度宗教家言流入猶太亦非奇事但未得確據不敢斷言耳）雖然。彼其所傳皆小乘耳（日本佛學以中國爲母不在此論）　蓋當馬鳴初興時。而印度本教中人固已紛紛集矢。謂大乘非佛說。大乘之行於印實幾希耳。故其派衍於外國者。無不貪樂偏義。謗毀圓乘。即如今日西藏蒙古號稱佛法最盛之地。問其於華嚴法華之旨。有一領受者乎。無有也。獨我中國。雖魏晉以前。象法萌芽。未達精蘊。迨羅什以後。流風一播。全國憬從。三家齊興。別傳崛起。隋唐之交。小乘影跡。幾全絕矣。竊嘗論之。宗教者亦循進化之公例以行者也。其在野蠻時代。人羣知識卑下。不得不歆之以福樂。懾之以禍災。故惟權法得行焉。及文明稍進。人漸識自立之本性。斷依賴之劣根。故由恐怖主義而變爲解脫主義。由利己主義而變爲愛他主義。此實法之所以能施也。中國人之獨受大乘。實中國國民文明程度日高於彼等數級之明證也。此其特色二也。

（第三）中國之諸宗派。多由中國自創。非襲印度之唾餘者。　試以第三節所列十宗論之。俱舍宗惟世親造一論。印度學者。競習之耳。未嘗確然立一宗名也。其宗派之成。實自中國。成實宗則自訶梨跋摩以後。竺國故書雅記。無一道及。其流獨盛於中國。三論宗在印。其傳雖稍廣。然亦不如中國。至於華嚴。其本經之在印度。已沈沒

於若明若昧之域。（據言佛滅後七百年龍樹菩薩始以神力攝取華嚴經於海龍宮是爲本經流通之始此等神秘之說雖不足深信然華嚴不顯於印度可想見矣）而宗門更何有焉。在彼惟有「大不思議」「十地」兩論推闡斯義。餘無所聞。故依華嚴以立教實自杜順賢首清涼圭峯之徒始也。雖謂華嚴宗爲中國首創焉可也。又如禪宗。雖云西土有二十八祖。但密之又密。舍前祖與後祖相印接之一剎那頃。無能知其淵源。其眞僞固不易辨。卽云眞矣。而印度千餘年間。舍此二十八人外更無一禪宗。可斷然也。不寧惟是。後祖受鉢。前祖隨卽入滅。然則千餘年間。不許同時有兩人解禪宗正法者。又斷然也。若是則雖謂印度無禪宗焉可也。然則佛教有六祖而始有禪宗。其猶耶教有路德而始有布羅的士丹也。若夫天台三昧止觀法門特創於智者大師一人。前無所承。旁無所受。此又其彰明較著者矣。由此言之。十宗之中。惟律宗法相宗眞言宗淨土宗嘗盛於印度。而其餘則皆中國所產物也。試更爲一表示之。

一	俱舍宗	印度有而不盛	中國極盛
二	成實宗	印度創之而未行	中國極盛
三	律　宗	印度極盛	中國次盛
四	法相宗	印度極盛	中國亦極盛
五	三論宗	印度有而不盛	中國極盛
六	華嚴宗	印度無	中國特創極盛
七	天台宗	印度無	中國特創極盛
八	眞言宗	印度極盛	中國甚微
九	淨土宗	印度極盛	中國次盛
十	禪　宗	印度無	中國特創極盛

夫我國　最有功德有勢力於佛學界者。莫如教下三家之天台法相華嚴與教外別傳之禪宗。自餘則皆支孽

附庸而已。而此四派者。其一曾盛於天竺。其三皆創自支那。我支那人在佛教史上之位置。其視印度古德何如哉。竊常考之。印度惟小乘時代有派別。（佛滅後小乘派分為二十部出分為大眾部上座部佛滅一世紀時所分也次分為一說部說出世部雞胤部二世紀初葉所分也次為多聞部次為說假部皆二世紀中葉所分也次為制多山部西山住部北山住部二世紀末葉所分也此八派皆從大衆部分出次為說一切有部三世紀初葉所分也次為犢子部復由犢子部分為法上部賢胄部正量部密林山部次為化地部分為法藏部皆三世紀中葉所分也次為飲光部三世紀末葉所分也又次為經量部四世紀初葉所分也此十派皆由上座部分出也四世紀以後小乘衰息大乘未興佛教幾絕）而大乘時代無派別。大乘之興分為三期。第一期則馬鳴也。（六世紀末）第二期則龍樹提婆也。（七世紀）第三期則無著世親也。（九世紀）皆本師相傳。毫無異論。略似漢初伏生申公后蒼等之經學。及期末流護法清辯。諍空有於依他之上。戒賢智光。論相性於唇舌之間。壁壘稍新。門戶始立。而法輪已轉而東矣。蓋大乘教義。萌芽於印度。而大成於支那。故求大法者。當不於彼而於我。此非吾之夸言也。殆亦古德之所同許也。此其特色三也。

（第四）　中國之佛學。以宗教而兼有哲學之長。中國人迷信宗教之心素稱薄弱。論語曰。未能事人。焉能事鬼。未知生。焉知死。子墨子謂程子曰。儒以天為不明。以鬼為不神。（見墨子公孟篇）蓋孔學之大義浸入人心久矣。佛耶兩宗。並以外教入中國。而佛氏大盛。耶氏不能大盛者何也。耶教惟以迷信為主。其哲理淺薄。不足以饜中國士君子之心也。佛說本有宗教與哲學之兩方面。其證道之究竟也在覺悟。（覺悟者正迷信之反對也）其入道之法門也在智慧。（耶教以為人之智力極有限不能與全知全能之造化主比）其修道之得力也在自力。（耶教日事祈禱所謂借他力也）佛教者。實不能與尋常宗教同視者也。中國人惟不蔽於迷信也。故所受者多在其哲學之方面。而不在其宗教之方面。而佛教之哲學。又最足與中國原有之哲學相輔佐也。鍾國之哲學。多屬於人事上國家上。而於天地萬物原理之學。窮究之者蓋少焉。英儒斯賓塞。嘗分哲學為可思議不可思議之二科。若中國先秦之哲學。則毗於其可思議者。而乏於其不可思議者也。自

佛學入震旦與之相備然後中國哲學乃放一異彩宋明後學問復興實食隋唐間諸古德之賜也此其特色四也

近世之學術（起明亡以迄今日）

第一節　永歷康熙間

梁啓超曰嗚呼吾論次中國學術史見夫明末之可以變爲清初清初之可以變爲乾嘉乾嘉之可以變爲今日而歎時勢之影響於人心者正鉅且劇也而又信乎人事與時勢迭相左右也自明中葉姚江學派披靡天下一代氣節蔚爲史光理想繽紛度越前古顧其敝也摭拾口頭禪轉相獎借談空說有與實際應用益相遠橫流恣肆非直無益於國而且蔑以自淑逮晚明劉蕺山證人一派已幾於王學革命矣及明之既亡而學風亦因以一變

吾略以時代區分之則自明永歷（即清順治）以訖康熙中葉爲近世第一期於其間承舊學派之終者得六人曰孫（夏峯）李（二曲）陸（桴亭）二張（蒿菴　楊園）呂（晚村）爲新舊學派之過渡者得五人曰顧（亭林）黃（梨洲）王（船山）顏（習齋）劉（繼莊）開新學派之始者得五人曰閻（百詩）二萬（充宗　季野）胡（東樵）王（寅旭）自餘或傳薪或別起皆附庸也不足以當大師凡爲大師十有六人其爲學界蟊賊者得四人曰徐（崐山）湯（睢州）毛（西河）李（安溪）今以次論之

程朱陸王之爭最陋者莫如清初（所爭者假程朱以詆陸王耳黨於陸王訶程朱者尙無其人此當分別言之）然其風特熾自後起之諸小人儒耳若夫遺老大師各尊所聞未始或相非也其時以王學顯者莫如夏峯（孫奇逢）二曲（李中孚）梨洲（黃宗羲）以朱學顯者莫如

桴亭陸世儀嵩庵張爾岐楊園張履祥皆彼此忻合。未嘗間然。其始標門戶以相排詆者。自陸隴其熊賜履輩始。請言舊派中之王學。晚明學風之敝。流為狂禪。滿街皆是聖人。酒色財氣不礙菩提路。猖幻至此。勢固不得不有所因革。夏峯少與東林諸君子遊。其傳授濡染。純出姚江。而晚年為理學宗傳。特表周程張邵朱陸薛王及羅念菴顧涇陽為十一子。二曲教學者。當先觀象山慈湖陽明白沙之書。闡明心性。直指本初。然後取二程朱子及康齋敬軒涇野整菴之書。玩索以盡踐履之功。則兩君子者之融洽門戶。可概見也。次於孫李黃梨洲之學別詳下節者。曰刁蒙吉包。蒙吉最崇拜高忠憲。而亦尊洛閩。自餘則有劉伯繩汋○蕺山子高彙旃世泰○忠憲子沈求如國模沈華甸昀其學派大率出於顧高。堅苦刻厲。鞭辟近裏。有中明遺風。當時江浙間傳習甚盛。及康熙中葉。諸賢彫喪。而派亦中絕。請言舊派中之朱學。桴亭楊園。首以醇儒名。而其本師乃在蕺山。嵩菴學無所承。專以篤謹苦行標宗。要之三君子者。猶宋之有泰山徂徠。明之有康齋敬軒也。其困勉篤行相類。其規模稍隘亦相類。然皆不敢有所詆訶於前輩。同時汲其流者。則有若應潛齋撝謙謝約齋文洊李闇章生光諸先輩。最為知名。此派在永歷順治間。其盛不如王學。雍乾以後。亦殆泯滅。然究以時主所揭櫫。故得援適者生存之例。媕阿託名此間者。猶代有其人。俗論之語清初大儒言王學者必舉湯潛庵言朱學者必舉陸稼書吾以為此二人於二百年來學界無功而有罪者也故不以列於此而於本節末附論之其時舊學派中別有一大師焉。曰呂留良。留良字晚村。浙人。治朱學而能致用者也。自曾靜之獄以後。蒙大逆不道之號。戮尸赤族。此後學者。無復敢習其學。稱其人。然據雍正諭旨。稱其嘗以博學鴻詞薦。誓死不就。以山林隱逸薦。乃薙髮為僧。其大節與夏峯二曲亭林梨洲相輝映也。又言呂留良一人倡導於前。全浙從風而靡。地方官吏。怵其黨徒衆盛。皆加意優禮。督撫到任皆循例加禮李衛亦曾贈送祠堂扁額云是其學派之昌明普及。雖容城盩厔有所不逮也。吾嘗略鉤稽羣籍。竊疑清初講學之盛。殆未有及呂氏者。彼其茹種族之痛。處心積慮以志光復。而歸本於以學術合羣。其苦心達識。百世下猶將見之。後世論晚村者。即不謂之大逆。亦不過以與八股家同類而並笑之。庸知夫隱於八股而藉以爲號召者。正晚村智深勇沈之徵證也。其生平著述。或燬或禁。今無一存。余僅從舊籍中得見雍正間閣臣奉勅撰「駁呂留良四書義」一編。原文附見前簡。雖割裂剝落。不見其眞。然微言大義。猶有存焉。其獨到處。固非尋常曲學所能夢見也。（余將別採其說著之飲冰室讀書錄中此避冗不具引也）故吾論順康間大儒。必數呂子。

所謂舊學派諸賢者。語其在學界上之位置。不過襲宋明之遺。不墜其緒。未足爲新時代放一異彩也。其可稱近世學術史之特色者。必推顧黃王顏劉五先生。五先生之學。應用的而非理想的也。吾欲語其學。請先語其人。亭林自國變後。首倡義里中。贊魯王監國。魯王敗。欲赴海上。（通鄭氏）道梗未達。遂浪跡四方。徧遊秦晉齊豫燕代淮浙。凡六謁孝陵。六謁思陵。末乃卜居陝之華陰。以爲華陰綰轂山河之口。雖足不出戶。而能見天下之人。聞天下之事。有警可以入山守險。若志在四方。則一出關門。有若建瓴。每出遊。所至阨塞。即呼老兵退卒。詢其曲折。史家謂先生既負用世略。不得一遂。所至每小試之。墾田度地。累致千金。而別貯之。以備有事。嗚呼此其志爲何如。其才爲何如哉。王不菴曰。『甯人身負沈痛。奔走流離。數十年靡訴之衷。曾不得快然一吐。而使後起少年。推以多聞博學。其辱已甚。安得不掉首故鄉。甘於客死。噫可痛也。』（鮚埼亭集引）由此觀之。顧先生之爲人何如也。梨洲少年袖錐爲父復仇。氣節已轟一世。畫江之役。糾里中子弟數百人。號世忠營。從孫嘉績熊汝霖倡義江上。軍敗。復入四明山結寨自固。其後復副馮京第乞師日本。間關轉徙。垂二十年。由此觀之。黃先生之爲人何如也。船山少年。自殘肢體以贖其父。國變後。從桂王遷徙於肇慶桂林南甯間者十有餘年。緬甸覆沒。乃齋志老牖下。終身不薙髮。

竄伏窮山四十餘年一歲數徙其處故國之戚生死不忘由此觀之王先生之爲人何如也習齋行事不少概見然相傳其折竹爲刀以勝劍客彎控馳射中六的焉其著述往往歎息於宋氏之亡才士摧折不盡其用由此觀之顏先生（先生名元）之志猶顧黃王之志也繼莊詭異矣亭林以南人而足跡多在北繼莊以北人（順天大興人）而足跡多在南其所浪遊亦中國之强半全謝山傳之曰『繼莊出於改步之後遭遇崑山弟兄（按）謂徐乾學徐元文而卒老死布衣又其栖栖吳頭楚尾間漠不爲枌楡之念將無近於避人亡命者之所爲是不可以無稽也而竟莫之能稽』（按）繼莊之客崐山家專爲借讀藏書云又曰『其人蹤跡非尋常遊士所閱歷故似有所諱而不令人知』由此觀之劉先生（先生名獻廷）之為人與顧先生何酷相肖也綜而論之五先生皆抱經世之志懷不世之才深不願以學著而為時勢所驅迫所限制使不得不僅以學著於近世學術史上敍述五先生五先生之遺痛也雖然近世學術史上而有五先生又學術史之光也

五先生之學若顧若王若顏若劉皆前無所受船山習齋更崛起山谷與一時宿儒名士絕交通可謂自得而深造者也繼莊平生講學之友所嚴事者曰顧畇滋曰彭躬菴曰船山而當時北學甚盛或有所得於夏峯二曲其南遊數十年梨洲亭林季野皆相往還所得麗澤之益當不尠若顧先生則更取精而用宏矣五先生中其所承學統最明者莫若梨洲梨洲親受業蕺山以接姚江之傳雖然梨洲學自梨洲學非陽明亦非蕺山也要之五先生者皆時勢所造之英雄卓然成一家言求諸前古則以比周秦諸子其殆庶幾後此惟南宋永嘉一派（陳止齋葉水心陳龍川一派）亦略肖焉然以永嘉比五先生則有其用而無其體者也即所謂用者亦有其部分而無其全者也故吾欲推當時學派爲秦漢以來二千年空前之組織殆不爲過

五先生之學。有普通者。有特別者。請言其普通者。曰以堅忍刻苦爲教旨相同也。習齋專標忍嗜欲苦筋力之旨。爲學道不二法門。近世餘杭章氏以比諸羅馬之斯多噶派。諒矣。亭林講學。首倡行己有恥。其言曰古之疑衆者。行僞而堅。今之疑衆者。行僞而脆。其宗旨所在可知也。王黃劉雖不標名號。迹其生平行誼。非浮靡柔脆者所能望其肩背也。船山以不忍薙髮之恥。顚頓竄伏於山谷者數十年如一日。尤空前絕俗之行也。蓋以身教敎之大者也。此其一。曰以經世致用爲學統相同也。五先生之著述可覆按也。彼其經世。非猶夫宋乾淳間永嘉派之言也。（詳見下段）此其二。曰以尚武任俠爲精神相同也。顧黃王三先生歷參魯唐桂三王軍事。其勇略章章在耳目也。船山讀通鑑論宋論黃書噩夢諸作。痛歎於黃族文弱之病。其傷心如見也。繼莊絕世之祕密運動家也。惜其志不遂。而其謀不彰也。習齋則屢言勇爲達德。日與其徒肆於射圃。終身不衰也。以口碑所述。梨洲絕擅技擊。（友人某爲余言有劇盜欲學梨洲技擊苦不得階進乃僞爲受業於門三年乃盡傳之云述者忘其記載所自出眞僞莫辨也然觀其袖錐入京師謀復仇則其擅技擊諒不謬）亭林亦然。（顧氏有三世僕曰陸恩叛投里豪欲訐告亭林獨潛往手擒之數其罪湛諸水云亭林膂力技擊可想見）習齋亦然。（習齋削竹爲刀以勝劍客其術殆有所受也）凡此誠不足以爲諸先生重。雖然。此亦國粹之一種。言尚武者所不可廢也。（吾昔常持論謂中國將來若講體育則如易筋術拳術等不可不改良而存之日本之柔術相撲術劍術等維新後而益昌誠非無故也此次日俄之役日軍每於突擊獲奇勝論者多歸功於此等舊術而西人亦詫之不置云）而諸先生皆躬嫺之。此其三。曰以科學實驗爲憑藉相同也。亭林梨洲船山之著作等身。若地理若歷史若音韻若律曆。皆有其所創見。夫人而知矣。以全謝山所作繼莊傳證之。其學亦豈讓三子。習齋專主實行。而下手工夫。取的於周官德行藝之三物。蓋亦以矯明末空談之弊焉。傳習齋學最親切者。曰李剛主。觀剛主之著述。可以知習齋矣。（諸先生之著述詳下段）此其四。

請言其特別者。亭林之日知錄。爲有清一代學術所從出。尚矣。其天下郡國利病書及肇域志。雖未成之本。然後世言人文地理者祖焉至今日其供學者參考之用者益廣也亭林深知生計與政治爲切密之關係者也故言之尤斷斷也其生計學皆應用的也彼小試之於墾闢而大效惜不能盡其用也不然亭林一越之范蠡也聲音訓詁爲百餘年間漢學之中堅其星宿海則自音學五書也金石學自乾嘉以來蔚爲大國則亦金石文字記爲其先河也故言清學之祖必推亭林諸先生之學統不數十稔而俱絕惟亭林巋然獨存也惜存者其瑣節而絕者其大綱存者其形式而絕者其精神也亭林曰『今日只當著書不必講學』又曰『經學卽理學』而後儒變本加厲而因以詆理學而仇講學者非亭林所及料也然亭林不能不微分其過也開拓萬古推倒一時者梨洲哉梨洲哉明儒學案六十二卷爲一代儒林藪尙矣非徒講學之圭臬抑亦史界一新紀元也學之有史自梨洲始也明夷待訪錄之原君原臣諸篇幾奪盧梭民約之席原法以下諸篇亦釐然有法治之精神此近世學子所旣知無俟吾喋陳也律呂新義二卷則後此言律學者祖焉句股圖說開方命算測圜要義諸作啓近世研究算學之端緒其後梅定九（文鼎）本周髀言曆世稱絕學而不知實梨洲發起之（梨洲嘗言句股法乃周公商高之遺後人失之而西人竊其傳）梨洲誠魁儒哉船山最崇拜橫渠謂『其學如皎日麗天無幽不燭惜其門人未有殆庶者又以布衣貞隱之故當時鉅公如文富司馬無緣賁其羽翼故其道之行不逮周邵』吾今於船山之學亦云然矣正蒙注思問錄兩書本隱之顯原始要終瀏陽譚氏謂五百年來學者眞能通天人之故者船山一人非過言也讀通鑑論宋論兩編史識卓絕千古其價値至今日乃大顯無俟重贅抑黃書亦明夷待訪之亞也其主張國民平等之勢力以裁抑專制三致意焉（吾昔抄錄讀通鑑論宋論黃書中發民權之理者凡三四十條文繁不備徵）黃王之軒輊吾蓋難言之（乾嘉後漢學家之說經往往有自矜創獲而實皆船山諸經稗疏所已言者故船山亦新學派之一導師也）習齋有存性存學存治存人四編其精華之論皆在於是號之曰周孔之學以自別於程朱

其言曰．以講讀爲求道．其距千里也．以書爲道．其距萬里也．蓋其學頗有類於懷疑派．而事事而躬之。物物而肆之．以求其是．實宋明學之一大反動力．而亦清學最初一機捩也．雍乾以後．學者莫或稱習齋．然顧頗用習齋之術．但其術同．而所用之之目的地不同．以實事求是一語．而僅用之於習齋所謂其距萬里之書．習齋其恫矣．乃者餘杭章氏極推習齋．以爲荀卿以後一人．其言或太過．然要之爲一代大儒必矣．五先生中．其最不顯者莫如繼莊．使非有全謝山一傳．恐至今無復有道其名者．更靡論其學也．吾舉繼莊以廁於顧黃王之列．聞者其將咍之．雖然．繼莊決不讓諸君子．繼莊所著書．或未成或散佚今傳者惟一廣陽雜記．吳縣潘氏所刻功順堂叢書有之得緣此以闚其崖略．繼莊之學．最足以豪於我學界者有二端．一曰造新字．中國文字．衍形不衍聲．以致國語不統一．而國民團結力因以大殺．今之識者．悁然憂之久矣．十年以來．新字問題．孳乳發生．而至今未有所成．烏知夫二百八十年前之先輩．早有從事者．則繼莊之新韻譜也．全謝山云繼莊新韻譜以華嚴字母爲本而參之以天竺陀羅尼泰西蠟頂（按即拉丁文也）小西天梵書（按當即是西藏語）暨天方（按即阿剌伯）蒙古女眞等音其法先立鼻音二以鼻音爲韻本有開有合各轉陰陽上去入之五音陰陽即上下二平共十聲而不歷喉腭舌齒脣之七位故有橫轉無直送則等韻重疊之失去矣次定喉音四爲諸韻之宗而後知泰西蠟頂話女眞國書梵音尙有未精者以四者爲正喉音而從此得半音轉音伏音送音變喉音又以二鼻音分配之一爲東北韻宗一爲西南韻宗八韻立而四海之音可齊於是以喉音互相合凡得音十七喉音與鼻音互相合凡得音十又以有餘不盡者三合之凡得音五共三十二音爲韻父而韻歷二十二位爲韻母橫轉各有五子而萬有不齊之聲攝於此矣然後取新韻譜爲主而以四方土音塡之則逢人便可印正云按其書今不傳其所造字母不可得而稽其果適用與否無從斷言要之眞不朽之盛業也使繼莊在今日徧通諸國語言文字其成就可限量耶二曰倡地文學．地文學今列於普通科．髫齔之子．入新塾者．往往能道．若夫五十年前．則舉國學者．未或注意於是也．而繼莊實發明之。全謝山云繼莊論向來方輿之書大抵詳於人事而天地之故概未有聞當於疆域之前別添數則記其北極出地之度與其節氣之先後異同等（中略）（按今泰西地理書莫不有之矣）燕京吳下水皆東南流故必東南風而後雨衡湘水北流故必北風而後雨諸方山水之向背分合皆當按籍而列之而風土之剛柔暨陰陽燥溼之徵又可次第而求矣（按此皆極精之論今泰西地理家言所最注意者非有得於歸納論理學不能道也）諸方有土音又有俚音蓋五行氣運所宜之不同各譜之爲一則合諸土產則諸方人民性情風俗之微皆可推而見矣（按地學之精徵至是而極近世學者謂地理與羣治有密切之關係誠有察於此也吾去年始見日本人木口長三郎所著人生地理學一書舉日本全土風俗政治種種發達之差異而悉納之於地理旁引泰西各國以爲證而皆有精確不磨之論據吾讀卒業歎爲得未曾有而不知吾二百年前之先民已有志於此冢後起無人大業不竟雖之實也可歎可媿）吾以爲以繼莊學顧黃王易以顧黃王學繼莊難高山景行吾嚮往焉

由此觀之近世學術史上所以爛然其明者惟特五先生抑五先生不獨近世之光即置諸周秦以後二千年之學界亦罕或能先也顧明之末清之初以何因緣而得有此吾嘗推原之以晚明政治之腐敗達於極點其結局至擧數千年之禹域魚爛以奉諸他族創鉅痛深自古所未嘗有也故瑰奇絕特有血性之君子咸惕然於天下興亡匹夫有責深覺夫講求實際應用的政論之不容已此其由時勢所造成者一也姚江學興既擧前此破碎支離之學而一掃之晚明百年間學者咸有發揚蹈厲之氣異於前代儒之有俠風也孕而育之者姚江也（蠡先生之學皆有近五子處吾將別論之）故謂五先生以王學爲原動力可也但王學末流狂恣滋甚徒以一二口頭禪相尙其對於自己也去實踐愈遠其對於社會也去實用愈遠物極必反然後諸君子不得不以嚴整之戒律繁博之考證起而矯之故謂五先生爲王學之反動力可也兩者兼然後此種特別之學派出焉此其由舊學所造成者二也（五先生中惟梨洲與王學有直接關係其餘若亭林船山於王學皆往往有所糾正不表同情也習齋則并宋明而悉棄矣故言五先生之學與王學有關係聞者或疑焉雖然間接之影響往往更大於直接此不可不察也）使五先生生於他代以其才與其學必將有所藉手著之實施則無暇以學鳴而其學之深造必不逮是顧以亡國遺民義不可以立人之本朝其所懷抱不得不盡假諸竹帛又其奔走國難各間關數十年於一切政俗利病皆得之於實驗調査以視不出戶而談天下事者與夫擁旄節以問民疾苦者相去遠矣此其由諸先生之地位所造成者三也綜此三因則此種學派不產於他代而惟產於永歷康熙之交有以夫有以夫雖然以諸先生之才之學

之志之節各皆獻身以盡瘁於國事而卒無救於亡明是則可痛也若語其原因蓋甚複雜焉以非本論範圍今略之

同時學派與五先生相近者尚數人於蜀有唐鑄萬甄著潛書二篇四卷乾隆間嘗為禁書今有重印者近世學者多知梨洲船山能發民權公理而不知巴蜀山谷間有唐氏者與之作桴鼓應也潛書上篇有僻君篇抑尊篇云君日益尊臣日益卑是以人君之賤視其臣民如犬馬蟲蟻之不類於我其去治道遠矣又曰天子之尊非天帝大神也皆人也又曰位在十人之上者必處十人之下位在百人之上者必處百人之下位在天下之上者必處天下之下潛書下室語篇云自秦以來凡為帝王者皆賊也殺一人而取其匹布斗粟猶謂之賊殺天下之人而盡有其布粟之富乃反不謂之賊乎又止殺篇云殺天下之軍屠天下之城以取天下是食天下人之肉以為一人養也凡此諸論自墨子孟子以後久矣夫不獲聞矣是眞可與梨洲之原君原臣相表裏者當二百年前能倡此何可及也吾故不憚膻舉之於吳有陳確庵瑚其學多得於桴亭而尤好言經世編全史為四大部以政事人文別之政部分曹事部分代人部分類文部分體手書巨帙各數十皆能背誦云其精力眞不可思議所著述關於農田水利兵法者尤夥而劍擊之技妙天下於鄂有胡石莊承諾著繹志六十一篇二十餘萬言自擬於徐幹中論顏之推家訓然論者謂其精粹奧衍過於二書此三君子者亦崛起卓然自成一家其最章章者也而顧景范祖禹之讀史方輿紀要亦曠古一絕作其所得於亭林繼莊李野者頗多云亦此一派之一支流

梨洲有弟曰晦木名宗炎俠氣過於乃兄其學之醇不及之而精到處與之頡頏於象緯律呂軌革壬遁之學皆有神悟而著書亦數十卷晚年以石函錮所著述語其子曰急則埋之身後果有索者子如其言子卒遂莫知所在云一小梨洲也萬季野為梨洲高弟最能傳其學下段別論之其子百家亦殆庶幾此黃學傳授之大略也習齋高弟曰李剛主塨曰王崑繩源剛主屢被薦辟不赴晚年受聲樂之學於毛西河多所著述崑繩孳孳以傳顏學為己任與方望溪多所辨難見於望溪集此顏學傳授之大略也船山崎嶇山谷其弟子無一有力者繼莊則兔起鶻落不可方物其名且隱其學更無論也亭林

以不好講學。故直接有力之子弟無一人。而二百年來漢學家。率宗尚之。雖然。以是為顧學。顧先生不任受也。然則五先生之學派。或身歿而絕。或一再傳而遂絕。雍乾以後。不復存於人間矣。厥後惟乾隆間全謝山（祖望）私淑梨洲。得其形似。近世譚瀏陽私淑船山。青出於藍。強編學案。則二君其選也。夫以五先生之魄力。能闢千古未闢之學統。而顧不自傳諸其人。以光大於後世。則何以故。吾將於次簡論之。

同時學行與顧黃王劉相類。而不以學名者。尚有一傅青主（山）以任俠聞於鼎革之交。國變後。馮銓魏象樞嘗強薦之。幾以身殉。遂易服為道士。有問學者。則告之曰。老夫學莊列者也。於此間諸仁義事。實羞道之。或強以宋諸儒為問。則曰。必不得已。吾取同甫云。雖然。史家謂其學自大河以北。莫能及者。蓋有所憤而自隱其志。愈哀於黃顧矣。當時黃冠浮屠中如青主者不乏人。舉其學最高者為代表云爾。（流俗所以多知青主者以其女科醫方實則青主非知醫者其方不過得自家傳云）

言泰西近世文明進步之原動力者。必推倍根。以其創歸納論理學。掃武斷之弊。凡論一事。闡一理。必經積累試驗然後下斷案也。（前此亞里士多德所傳之論理學謂之演繹法以心中所懸擬之理命為前提而因以下斷案至倍根起謂尋常智慧易有所蔽所懸擬之前提未必正確也前提不正確則斷案亦隨而俱謬矣因用積累試驗之法既懸擬一理矣不遽命為前提也參伍錯綜向種種方面以試驗之求其真是乃始命為前提是即所謂歸納法論理學也）審如是也。則吾中國三百年來所謂考證之學。其價值固自有不可誣者。何也。以其由演繹的而進於歸納的也。泰西自十五世紀文學復興以後。學者猶不免涉詭辯。陷於空想。自倍根與而始一矯之。有明末葉。正中國之詭辯空想時代也。及明之亡。顧黃顏劉諸子。倡實踐實用之學。得其大者。閻胡二萬王梅諸君。同時蔚起。各明其一體。其時代與倍根同。（倍根生於明嘉靖四十年卒於天啓六年）其學統組織之變更。亦頗相類。顧泰西以有歸納派而思想日以勃興。中國以有歸納派而思想日以銷沈。非歸納派之罪。而所以用之者誤其塗徑也。

本朝學者以實事求是為學鵠。頗饒有科學的精神。而更輔以分業的組織。惜乎其用不廣。而僅寄諸瑣瑣之考據。所謂科學的精神何也。善懷疑。善尋問。不肯妄徇古人之成說一己之臆見而必力求眞是眞非之所存。一也。既治一科。則原始要終。縱說橫說。務盡其條理而備其左證。二也。其學之發達。如一有機體善能增高繼長。前人之發明者。啟其端緒。雖或有未盡。而能使後人因其所啟者而竟其業。三也。善用比較法。臚舉多數之異說。而下正確之折衷。四也。凡此諸端。皆近世各種科學所以成立之由。而本朝之漢學家皆備之。故曰其精神近於科學。所謂分業的組織何也。生計家言。謂社會愈進於文明則分業愈趨於細密。此不徒生計界為然也。學界亦然。晚近實學益昌。而學者亦益以專門為貴。分科之中。又分科焉。碩儒大師。往往終身專執一科以名其家。蓋昔之學者。其所研究博而淺。今之學者。其所研究狹而深。（如法律學一科學也而國法國際法民法刑法商法各為分科分科中復有分科如國法中治憲法者治行政法者不相雜廁也國際法中治公法者治私法者不相雜廁也凡諸學科莫不皆然學愈進則剖析愈精而學者之分業愈行）本朝漢學家之治經。亦有類於是。（乾嘉以後學者皆各專一書以終身如段氏之說文陳氏之毛詩胡氏之儀禮孔氏陳氏之公羊乃至或專事校勘或專明金石或專釋地理或專研聲律或專考歷算其分業愈精其發明愈深百年前之經學其組織殆可稱完備）故曰其組織近於分業。嘗本朝考據學之支離破碎。汩殁性靈。此吾儕十年來所排斥不遺餘力者也。雖然。平心論之。其研究之方法。實有不能不指為學界進化之一徵兆者。至其方法。何以不用諸開而用諸閉。不用諸實而用諸虛。不用諸新而用諸陳。則別有種種原因焉。若民性之遺傳。若時主之操縱。皆其最鉅者也。蓋未可盡以為諸儒病也。

本朝學派以經學考據為中堅。以為欲求經義。必當假途於文字也。於是訓詁一派出。以文字與語言相聯屬也。於是音韻（古音）一派出。又以今所傳本之文字。或未可信據也。於是校勘一派出。以古經與地理多有關係也。於是地理一派出。以古經與天算多有關係也。於是天算一派出。以古代之名物制度與今殊異也。於是名物制度一派出是爲乾嘉時代最盛之支派.言聲音訓詁學而以漢以後字書爲未足也.於是金石一派出.言地理而以域內爲有限也.於是西北地理一派出.以今傳之經籍爲未完備也.於是輯佚一派出.崇古尊漢之極點.而以東漢之學術.其導源更自西漢也.於是今文經說一派出.是爲乾嘉以後續興之學派.推其考據經學者以及羣史.於是錢(辛楣)王(西莊)一派之史學出.推其考據經學者以及諸子於是畢氏(秋帆)一派之子學出.彼非誠欲治子史也.以經學之席位.已悉爲前輩所占.不得已而思其次也.故謂之爲經學之支流可也.若此者是爲淸代學術之正派.

此正派之初祖誰氏乎.曰閻百詩.(若璩)曰胡東樵.(渭)閻氏著古文尙書疏證.定東晉晚出二十五篇之僞.批卻導窾.霍然以解.胡氏著禹貢錐指.謂漢唐二孔(僞孔安國注及孔穎達疏)宋蔡氏.(蔡沈集傳)於地理多疏舛.乃博引羣書.以辨九州山川形勢及古今郡國分合異同.此二書出.乃爲經學界開一新紀元.夫二書者.各明一義.至爲區區.而經學新紀元之名譽.不得不歸之者何也.蓋三百年來.學者以晉唐以後之經說爲不足倚賴.而必求徵信於兩漢.此種觀念.實自彼二書啓之.而其引證之詳博周密.斷案之確實犀利.尤足使讀者舌撟心折.而喚起其尊漢蔑宋之感情.(閻書專據康成以折僞孔胡書多引鄭注及說文以正孔疏蔡傳淸儒之崇拜許鄭其感情實自此二書始)蓋二書直接之發明.雖局於一節.而間接之影響.則徧於全體也.故淸學正派之初祖.必推二氏.

同時經學別派有二大師.曰鄞縣萬充宗(斯大)季野(斯同)兄弟.充宗爲禮書三百卷.春秋說二百四十卷.(燬於火)季野爲讀禮通考百二十卷.(此書冒徐乾學名實皆出季野手)二萬之學.不標漢宋門戶.其感化所及於淸代學界者.不如閻胡之鉅.然

言三禮者必祖之。（尊秦蕙田有五禮通考之作）二萬皆梨洲高弟。其學之大體受自梨洲。而顓門覃精。更有所進。季野之史學。尤吸納萬流。推倒一世。雖然萬氏派之史學不盛於淸代。

經學與萬氏派略相近者有馬宛斯。（驌）著左傳事緯及繹史。顧甯人亟贊之。乾嘉後學者病其家法不嚴。與五禮通考同譏焉。實則二書皆三百年來傑構也。雍乾間有顧震滄。（棟高）著春秋大事表。其學統亦略近萬氏。

中國於應用科學無一足稱者。其最發達莫如算。聖祖嗜此綦篤。復有西儒南懷仁輩備顧問內廷。高髻廣額。流風寖被。於後於三百年來茲學之進步。頗有力焉。而開其先者曰王寅旭（錫闡）曰梅定九。（文鼎）王氏當前明徐文定（光啓）修曆之時。已潛心茲業。著曉庵新法六卷。梅氏致心折焉。顧亭林品評時彥。獨首先生。曰學究天人。確乎不拔。吾不如王寅旭。其所造可知也。梅氏則三百年言算者所宗矣。所著算書凡二十五種六十卷。（實二十九種其孫穀成編校時刪併爲今數即所傳梅氏叢書是也）此後官書。如律呂正義。曆象考成等。多本之。若算學於本朝學界上有價値者。則開宗之名。舉舍兩先生無屬也。

故吾以閻胡二萬王梅爲新學派之開祖。就中閻胡影響最鉅。諸人次焉。

孫李陸呂二張顧黃二王顏劉二萬。皆明遺民。於新朝不肯受一絲一粟之豢養。非直其學之高。抑其節行又足以砥所學也。閻氏雖一應徵。然未嘗立於本朝。胡氏蚤歲力拒徵辟。晚節聖祖南巡。獻頌賜對。士論稍惜之。梅氏亦於南巡時強起召見。雖然。三先生者。皆以處士終也。（萬充宗就明史館席然不肯受官自言欲握國史權以報故國云其志可敬也）故吾輩語諸先生。皆當號曰明儒。不當曰淸儒。若夫語於學統。則固劃然爲一新時代。以明學目之焉。又不得也。

自有所謂以名臣兼名儒者。而淸學始不競矣。其最初有聞於時者。曰魏環極。（象樞）魏石生。（裔介）陸稼書。（隴其）張孝先。（伯行）

二魏以鯁介聞，新朝創法立制，多出其手，而於學界關係蓋鮮，稼書肫篤明察，循吏之才，伯行敬愼廉介，硜硜自守，其行節無可議，然學太隘陋，稼書之言曰『今之論學者無他，亦宗朱子而已，宗朱子爲正學，不宗朱子卽非正學，董子云諸不在六藝之科孔子之術者，皆絕其道，勿使並進，然後統紀可一，法度可明，今有不宗朱子者，亦當絕其道，勿使並進，孝先纂性理正宗，排斥陸王，不遺餘力，王學之絕，陸張最有力焉，其人既見稱於時主，其學益見重於流俗，思想自由，乃銷蝕於無形之間，二氏箇人之私德，不足贖其對於社會之公罪也，其䌷然爲學界蟊賊，煽三百年來惡風，而流毒及於今日者，莫如徐乾學湯斌李光地毛奇齡』

近儒或以歐陽修蘇軾爲宋學界之蠹，其論稍過，若淸之有徐乾學，其又下於歐蘇數等者也，淸興，首開鴻博，以網羅知名士，不足則更徵山林隱逸，以禮相招，不足則復大開明史館，使夫懷故國之思者，或將集焉，上下四方，皆入其網矣，除吾所陳諸先生外，其倖免者寡也，而當時汲引最盛者，曰崑山徐，彼以南人處文學最盛之區，一時魁儒大師，皆所素往還，既緣倖幸驟獲寵貴，則以利祿相歆，以威勢相脅，而屢主文衡，久尸史職，務欲盡羅名宿，致諸門下，彼固不知學，而藉門下食客以爲之緣飾，既博禮士之名，復徼績學之譽，侈然以稽古之榮爲餌，而使一世廉恥浸潤以銷滅，士之弁髦氣節，以奔競諂諛爲尚，其受徐氏之影響者最多焉，不然，有明三百年之所養，何一旦掃地以盡，若是速也，湯斌李光地，皆以大儒聞於淸初，而斌以計斬明舊將李玉庭，光地賣其友陳夢雷，而主謀滅耿鄭，皆坐是致貴顯，然斌之欺君，聖祖察之，光地之忘親貪位，彭鵬（閩人給事中與光地同鄉）劾之，卽微論大節，其私德已不足表率流俗矣，而皆竊附程朱陸王，以一代儒宗相扇耀，天下莫或非之，質而言之，彼二氏者，學術之醇，不及許衡，而墮棄名節與之相類，階進之正，不及公孫弘，而作僞日拙與之相類，程朱陸王之學統不幸而見寡於豎子。自茲以往。宋明理學之末日至矣。毛奇齡。乘時得位。雖不及崑山睢州安谿。而挾其雕蟲炙輠之才。行以狂悖恣肆之態。其戕賊學界。亦頗有力。全謝山著毛檢討別傳。於其生平行誼。魑魅魍魎。無遁形矣。（毛自謂畫江之役曾預義師實則以鼓琴階進於保定伯毛有論事敗遂亡匿毛嘗亡命爲僧自謂以選詩獲罪實則殺人罪也嘗閱緒論於閻百詩及施愚山竊其唾餘以自炫及夤緣預詞科得檢討乃仇閻施其著古文尚書寃詞專以强辯排百詩也昔曾恩彼者皆怨報之既貴棄其糟糠婦婦嘗對其門生張希良盡發奇齡平生醜行至不堪入耳云云此皆全氏鮚埼亭集外編所記也論者或謂奇齡爲兩極人猶未知其眞相耳）彼其辯才既便給。記載既雜博。乃徧仇前哲以文其小人無忌憚之行。肆口嫚罵。漢以後人無一得免。而其所最切齒爲宋人。宋人之中所最切齒者爲朱子。跡其所抨擊。純然市井無賴叫囂者之所爲。稍有學養者。未必爲動。但承其時學風尊漢蔑宋之機已動。而遵毛氏之教。可以悉舉名節閑檢而蕩棄之。而不失爲大儒。其便學者之私圖。孰有過是。上既有湯李輩以僞君子相率。下復有奇齡等以眞小人自豪。而皆負一世重名。以左右學界。清學之每下愈況也。復何怪焉。復何怪焉。後此袁枚俞樾輩。皆直接汲毛氏之流。而間接受影響者。尚不可指數也。

自此以往。宋明學全絕。惟餘經學考據。獨專學界。爛然光華。遂入於近世第二期。

第二節　乾嘉間

吾論近世學派。謂其由演繹的進於歸納的。饒有科學之精神。且行分業之組織。而惜其僅用諸瑣瑣之考據。然則此學派之所以不盡其用者。原因何在乎。曰。是不一端。而時主之操縱其最也。自康雍間屢興文字獄。乾隆承之。周納瘢酷。論井田封建稍近經世先王之志者。往往獲意外譴。乃至述懷感事。偶著之聲歌。遂罹文網者。趾相屬。又嚴結社講學之禁。晚明流風餘韻。銷匿不敢復出現。學者舉手投足。動遇荊棘。懷抱其才力智慧。無所復可用。乃騈轃於說經昔傳內廷演劇。觸處忌諱。乃不得已專演封神西游牛鬼蛇神種種詭狀。以求無過本朝之治經術者亦然。銷其腦力及其日力於故紙之叢。苟以逭死而已。進化學家言諸動物之毛羽爲特別彩色者。皆緣夫有所避而假以自衞。淘汰久之而彩異遂獨發達。輓近漢學之昌明。禀茲例也。流風既播。則非是不見重於社會。幽眇相競。忘其故矣。嗚呼。斯學之敝中國久矣。顧以二百餘年瑰材軼能之士之腦識所集注。固一代思想之淵海也。可以無記乎。吾嘗以梓亭楊園比諸宋之泰山徂徠。此言其學之相近耳。若以一代學界上位置論之。則閻胡二子。丁比孫石。定宇東原。其濂洛也。高郵父子。其晦菴也。閻胡爲漢學祖。崑山亭林可謂祖之所自出。閻胡之學實非傳自崐山但言漢學者多謂法崐山故吾强名之其儼然組織箸學統者。實始乾隆朝。一曰吳派。一曰皖派。吳派開祖曰惠定宇。棟定宇之先有何義門。焯陳少章景雲沈歸愚德潛。皆尙通治。雜治經史文辭。定宇承其祖元龍周惕父天牧士奇家學。益覃精經術。世稱吳中三惠。定宇著九經古義、周易述、明堂大道錄、古文尙書考、左傳補注。皆精博有心得。其弟子最著者。曰江艮庭、聲余古農、蕭客王西莊、鳴盛錢竹汀、大昕王蘭泉。昶艮庭爲尙書集注音疏。古農爲古經解鉤沈。雖罕下己見。而搜討之勤。有足稱者。王錢益推其術以治史學。西莊有十七史商榷。竹汀有廿二史考異。皆其支流也。蘭泉著金石萃編。金石釋經者宗焉。敎於揚州。則有汪容甫。中劉端臨。台拱稍稍上證諸子。汪所著述學有荀卿通論劉著荀子補注古農弟子曰江鄭堂。藩撰國朝漢學師承記。淸儒家法流派。可得而稽焉。亦一學史也。皖派開祖曰戴東原。震東原生休寧。章炳麐氏謂休寧於江南爲高原。其民勤苦善治生。故求學深邃。言直覈而無蘊藉。蓋地理感化使然也。淸代漢學。閻胡作之。惠氏衍之。戴氏成之。東原少受學婺源江愼修。永治小學禮經算術輿地。皆深通。復從定宇游。傳其學。著東原集。孟子字義疏證。方言疏證。考工記圖。聲韻考。聲類表。爾雅文字表等。而關於曆算水地之著述猶多。

其論學曰『經之至者道也所以明道者辭也所以成辭者字也必由字以通其辭由辭以通其道乃可得之』乾嘉間學者以識字爲求學第一義自戴氏始也其鄉里同學有金輔之(榜)程易疇(瑤田)後有淩次仲(廷堪)及三胡(匡衷承珙培翬)咸善治禮而易疇尤明水地聲律工藝穀食之學而皆取師資於東原東原弟子著者曰任幼植(大椿)盧抱經(文弨)孔巽軒(廣森)幼植爲小學鉤沈抱經專事校勘大戴記逸周書荀子方言釋名春秋繁露白虎通皆所讎定(此外尙數種)古書自是可讀焉巽軒始治公羊爲言公羊學者之祖然今文家弗善也其尤著者曰金壇段若膺(玉裁)高郵王懷祖(念孫)若膺著說文解字注六書音韻表許學之淵藪也懷祖著廣雅疏證經傳釋詞以經傳諸子轉相證明凡諸古書文義詰籥者悉迎刃而解以授其子伯申(引之)作經義述聞訓詁之學至是圓滿矣近世兪蔭甫(樾)爲古書疑義舉例稟高郵學而分別部居之而最近則馬眉叔(建忠)著文通亦憑藉高郵(眉叔著書時余在上海居相鄰往往有所商榷知其取材於經傳釋詞古書疑義舉例者獨多也)創前古未有之業中國之有文典自馬氏始推其所自出則亦食戴學之賜也當是時天子方開四庫館以藻飾太平而東原實總館事(四庫書目提要其大部分出東原手紀文達尸其名耳)彼之學既足以睥睨一世而復祭酒於首善之區以是戴氏學掩襲天下淸之漢學家大率專事考據不復與宋明儒者爭席惟東原著孟子字義疏證及原善以其心得者以與新安姚江爭則亦持之有故言之成理其言曰『君子之治天下也使人各得其情各遂其欲君子之自治也情與欲使一於道義』而極言無欲爲異氏之學謂遏欲之害甚於防川焉此其言頗有近於泰西近世所謂樂利主義者不可謂非哲學派中一支流雖然人生而有欲其天性矣節之猶懼不蔇而豈復勞戴氏之敎猱升木爲也二百年來學者記誦日博而廉恥日喪戴氏其與有罪矣(以上敍傳授派別頗採章氏訄書而增補之且自下斷案著者)

吳皖派別之說．出自江氏漢學師承記．而章氏辨之尤嚴．章氏謂吳學好博而尊聞．皖學綜形名任裁斷．此其所以爲異．諒也．雖然．東原固嘗受學於惠氏．則吳皖可云同源．戴之視惠．猶惠之視閻胡也．故淸之休甯可比明之姚江．姚江出而舉天下皆姚江學．卽有他派．附庸而已．休甯亦然．乾嘉間．休甯以外之學術．皆附庸也．雖然．其學實僅盛於江左．江左以外．各省學子．雖往往傳習．然不能成家．其稍有系統之可言者．則孔巽軒以其學衍於山東．繼起者有郝恂九（懿行）桂未谷（馥）．皆卓然成一家言．侯君模（康）以其學衍於嶺南．阮芸臺（元）督粵．創學海堂．輯刻皇淸經解．於是其學風大播於吾粵．道咸以降．江浙衰而粵轉盛．雖然．名家者無一焉．最著爲陳蘭甫．（澧）謬溝合漢宋．以博創獲之譽．其細已甚．而去戴學抑愈遠矣．

其時以大人先生而鼓吹左右茲學最有力者．曰紀曉嵐．（昀）阮芸臺．（元）畢秋帆．（沅）然皆不能自名其家．其著述或多假於食客之手．於學界殆不足道．而紀氏以佞幸處向歆之地位．苟媚時主．微詞尖語．顚倒黑白．於人心風俗所影響．固不細也．

惠戴之學．固無益於人國．然爲羣經忠僕．使後此治國學者．省無量精力．其功固不可誣也．二百年來諸大師．往往注畢生之力於一經．其疏注之宏博精確．誠有足與國學俱不朽者．於易則有惠氏（棟）之周易述．江氏（藩）之周易述補．張氏（惠言）之周易虞氏義．於書則有江氏（聲）之集注音疏．王氏（鳴盛）之後案．孫氏（星衍）之今古文注疏．於詩則有馬氏（瑞辰）之傳箋通釋．胡氏（承珙）之後箋．陳氏（奐）之傳疏．於禮則有張氏（惠言）之圖．胡氏（培翬）之正義．於周禮則有孫氏（詒讓今人）之正義．於春秋左氏傳則有劉氏（文淇）之正義．公羊傳則有陳氏（立）之義疏．穀梁傳則有鍾氏（文烝）之補注．於論語則有劉氏（寶楠）之正義．於孝經則有皮氏（錫瑞今人）之鄭注疏．於爾雅則有邵氏（晉涵）之正義．郝氏（懿行）之義疏．於孟子則有焦氏循之正義。類皆曠古絕作。蓋取精多用物宏時代使然也。西諺曰羅馬非一日之羅馬。吾於陳碩甫之毛詩胡竹村之儀禮陳卓人之公羊孫仲容之周禮見之矣。其在十三經以外者。則如孔氏廣森之大戴禮記補注。龔氏麗正之國語疏。陳氏立之白虎通疏證。朱氏右曾之逸周書校釋。其功皆足多焉。若段氏之說文。王氏之廣雅。尤爲茲學之中堅。前簡論之。今不具也。

以上爲乾嘉間學統之正派。

其時與惠戴學樹敵者曰桐城派。方東樹著漢學商兌。抨擊不遺餘力。其文辭斐然。論鋒敏銳。所攻者間亦中癥結。雖然。漢學固可議。顧桐城一派。非能議漢學之人。其學亦非惠戴敵。故往而輒敗也。桐城派鉅子。曰方望溪苞姚姬傳鼐。方姚固文人。而自謂尸程朱之傳。其實所自得者至淺薄。姬傳與東原論學數牴牾。故經學家與文學家始交惡云。自宋歐陽廬陵有因文見道之說。厥後文士。往往自託於道學。平心論之。惠戴之學。與方姚之文。等無用也。而百年以往。國學史上之位置。方姚視惠戴何如哉。

自康雍以還。號稱以朱學名家者。若熊賜履、陳宏謀、陳鵬年、楊名時、朱軾、李紱、孫嘉淦、大率皆以高位負時望。承風者固大儒之號以奉之。實則於學界不有影響。蓋宋學之微久矣。方姚以後。益更不競。其間惟王白田懋竑著朱子年譜考異。眞治朱學者一人而已。唐鑑著國朝學案小識專持門戶而派別紊亂文體拙劣等諸自鄶也

復有浙東學派者。與吳派皖派不相非。其精闢不逮。而致用過之。其源出於梨洲季野。而尊史。其鉅子曰邵二雲晉涵全謝山祖望章實齋學誠。二雲預修國史。以記誦之博聞天下。在國史館中先朝史册以數千計總裁問以某事答曰在某册第幾葉百不失一云江藩謂二雲卒而江南之文獻云亡。謝山於明末遺事。記載最詳。故國之感。往往盈紙。南雷學統。此其一綫也。實齋爲文史

通義。批郤導窾。雖劉子元蔑以過也。其校讎通義。啓研究周秦學之端矣。吾於諸派中甯尊浙東。趙甌北翼之廿二史劄記。其考據之部分與西莊辛楣相類。顧其採集論斷屬辭比事有足多者。其派甯近於浙東。或曰其攘章實齋遺稿者過半云。無左證不敢妄以私德蔑前輩也。其餘治史者多。率皆汲王錢之流。不足道。

乾嘉間王學之絕已久。中間惟羅臺山有高汪愛廬縉彭尺木紹升獨從王學入。而皆歸宿於佛門。臺山尺木尤勇猛精進。大澈大悟。彼時代之一異色也。其學不光大。影響蓋微。

第三節　最近世

其最近數十年來。崛起之學術。與惠戴爭席。而駸駸相勝者。曰西漢今文之學。首倡之者爲武進莊方耕存與著春秋正辭。方耕與東原同時。相友善。然其學不相師也。戴學治經訓。而博徧羣經。莊學治經義。而約取春秋公羊傳。東原弟子孔巽軒廣森雖嘗爲公羊通義。然不達今文家法。膚淺無條理。不足道也。方耕弟子劉申受逢祿始顓主董仲舒李育爲公羊釋例。實爲治今文學者不祧之祖。逮道光間。其學寖盛。最著者曰仁和龔定庵自珍曰邵陽魏默深源定庵有文集三卷。續集四卷。定庵段茂堂外孫也。其小學多得自段氏。而經義則挹自莊劉。又好治史。憙章實齋之學。言六經皆史。又學佛。欲排禪宗。衍教下三家。其思想蓋甚複雜。然其於春秋蓋有心得。能以恢詭淵眇之理想。證衍古誼。其於專制政體。疾之滋甚。集中屢歎恨焉。集中如古史鉤沈論乙丙之際箸議京師樂籍說尊任發隱撰四等十儀壬癸之際胎觀等篇皆頗明民權之義其餘東鱗西爪全集往往見又頗明社會主義。能知治本。龔集平均篇云至極不祥之氣鬱於天地之間鬱之久乃必發爲兵燹爲疫癘（中略）其始不過貧富不相齊之爲之爾小不相齊漸至大不相齊大不相齊則至喪天下此近世泰西社會學家言根本之觀念也當嘉道間。舉國醉夢於承平。而定庵憂之。儳然若不可終日。其察微之識舉世莫能及也生網密之世風議隱約不能盡言其文又瑰瑋連犿淺學或往往不得其指之所在雖然語近世思想自由之嚮導必數定庵吾見並世諸賢其能為現今思想界放光明者彼最初率崇拜定庵當其始讀定庵集其腦識未有不受其刺激者也夫以十年以來歐美學澎湃輸入雖乳臭之子其眇思醰說皆能軼定庵顧定庵生百年前面乃有此未可以少年喜謗前輩也然定庵憔悴牢落不得志其道力不足以自勝故細行多不檢其惡習影響於新學界者亦有焉

前此至今文者則春秋而已至魏默深乃推及它經著詩古微書古微詩主齊魯韓書主歐陽大小夏侯而排斥毛鄭不遺餘力由今日視之其無謂亦甚矣然一家之言不可誣也（餘杭章氏謂齊魯韓歐陽大小夏侯各有師法故不一致而齊魯大小夏侯尤相攻如仇魏氏不知師法略例一切混合殊無條理云云是誠中魏氏之失但今文經說中雖互有歧異然其歧異與今古文之歧異相比較則異中仍從同也譬之則如景教之新舊教新教中派別數十亦各相非然以之與羅馬舊教相比較則新舊之異點甚大而新派中之支派其異點甚小也不得以此遽抹煞魏氏學）魏氏又好言經氏之術為海國圖志獎厲國民對外之觀念其書在今日不過束閣覆瓿之價值然日本之平象山吉田松陰西鄉隆盛輩皆為此書所激刺間接以演尊攘維新之活劇不龜手之藥一也或以霸或不免於洴澼絖豈不然哉

數新思潮之萌蘗其因緣固不得不遠溯龔魏而二子皆治今文學然則今文學與新思想之關係果如是密切乎曰是又不然二子固非能純治今文者即今文學亦安得有爾許魔力欲明其理請徵泰西夫泰西古學復興遂開近世之治謂希臘古學果與近世科學哲學有不可離之關係乎殆未必然然銅山崩而洛鐘應者其機固若是也凡社會思想束縛於一途者既久驟有人焉衝其藩籬而陷之其所發明者不必其遂有當於眞理也但使持之有故言之成理則自能震聾一般之耳目而導以一線光明此懷疑派所以與學界革命常相緣也今文

家言。一種之懷疑派也。二百年間支配全學界最有力之一舊說。舉凡學子所孳孳焉以不得列宗門爲恥者。而
忽別樹一幟以與之抗。此幾一動前之人所莫敢疑者。後之人乃競起而疑之。疑之不已而假詭之論起焉。假詭
之論多優勝劣敗。眞理斯出。故懷疑派之後恆繼以詭辯派。詭辯派之後而學界革命遂成立。此徵諸古今中外
而皆然者也。今文之學對於有清一代學術之中堅而懷疑者也。龔魏及祖述龔魏之徒則近於詭辯者也。而我
思想界亦自茲一變矣。今勿具論其與龔魏相先後而學統有因緣者。則有若陽湖李申耆（兆洛）長洲宋于庭（翔鳳）仁
和邵位西。（懿辰）宋氏傅會太過。支離太甚。不足以當鉅子。李氏明算。長於地理。其治經則排斥周官特甚。邵氏則卓
然一經師也。蓋申耆始治今文春秋。默深始治今文詩。今文書。而位西則言今文禮。著禮經通論。以逸禮三十九
篇爲劉歆矯造。自是羣經今文說皆出。而湘潭王壬秋（闓運）壬秋弟子井研廖季平（平）集其大成。王氏徧注羣經。不
斷斷於攻古文。而不得不推爲今學大師。蓋王氏以公羊說六經。公羊實今學中堅也。廖氏受師說而附益之。著
書乃及百種。可謂不憚煩。（其門人某著有廖氏經學叢書百種解題又廖所著書其目皆見於光緒井研志）而其說亦屢變。初言古文爲周公。今文爲孔
子。次言今文爲孔之眞。古文爲劉之僞。最後乃言今文爲小統。古文爲大統。其最後說則戊戌以後懼禍而支離
之也。蚤歲實有所心得。儼然有開拓千古推倒一時之概。晚節則幾於自賣其學。進退失據矣。至乃牽合附會。摭
拾六經字面上碎文隻義。以比附泰西之譯語。至不足道。雖然。固集數十年來今學之大成者。好學深思之譽。不
能沒也。蓋自今古之訟既興。於是朱右曾有尙書歐陽夏侯遺說考。陳喬樅有今文尙書經說考。三家詩遺說考。
齊詩翼氏學疏證。陳立有公羊義疏。專憑西漢博士說以釋經義者。間出。逮廖氏而波瀾壯闊極矣。吾師南海康
先生。少從學於同縣朱子襄先生（次琦）朱先生講陸王學於舉世不講之日。而尤好言歷史法制得失。其治經則綜

釋漢宋今古。不言家法。康先生之治公羊治今文也。其淵源頗出自井研。不可誣也。然所治同。而所以治之者不同。疇昔治公羊者皆言例。南海則言義。惟牽於例。故還珠而買櫝。惟究於義。故藏往而知來。以改制言春秋。以三世言春秋者。自南海始也。改制之義立。則以爲春秋者。絀君威而申人權。夷貴族而尙平等。去內競而歸統一。革習慣而尊法治。此南海之言也。疇昔吾國學子。對於法制之觀念。有補苴。無更革。其對於政府之觀念。有服從。有勸諫。無反抗。雖由霸者之積威。抑亦誤學孔子。謂教義固如是也。南海則對於此種觀念。施根本的療治也。三世之義立。則以進化之理。釋經世之志。徧讀羣書。而無所於閡。而導人以向後之希望。現在之義務。夫三世之義。自何邵公以來。久闇智焉。南海之倡此。在達爾文主義未輸入中國以前。不可謂非一大發明也。南海以其所懷抱。思以易天下。而知國人之思想束縛既久。不可以猝易。則以其所尊信之人爲鵠。就其所能解者而導之。此南海說經之微意也。而其影響則既若此。近十年來。我思想界之發達。雖由時勢所造成。歐美科學所簸動。然謂南海學說無絲毫之功。雖極惡南海者。猶不能違心而爲斯言也。南海之功安在。則亦解二千年來人心之縛。使之敢於懷疑。而導之以入思想自由之塗徑而已。自茲以還。瀏陽譚壯飛嗣同著仁學。乃舉其冥想所得。實驗所得。聽受所得者。盡發之而無餘。而思想界遂起一大革命。

晚近學界。對於孔子而試挑戰者。頗不乏人。若孔子之爲教主與非教主也。孔子在三千年來學界之功罪也。孔子與六家九流之優劣比較也。孔子與泰西今古尊哲之優劣比較也。莽然並起。爲學界一大問題。顧無論或推尊之。或謗議之。要之其對於孔子之觀念。以視十年前。劃若鴻溝矣。何也。自董仲舒定一尊以來。以至康南海孔子改制考出世之日。學者之對於孔子。未有敢下評論者也。恰如人民對於神聖不可侵犯之君權。視爲與我異位．無所容其思議．而及今乃始有研究君權之性質．擬議其長短得失者．夫至於取其性質而研究之．則不惟反對焉者之識想一變．即贊成焉者之識想亦一變矣．所謂脫羈軛而得自由者．其幾即在此而已．

綜擧有清一代之學術．大抵述而無作．學而不思．故可謂之為思想最衰時代．雖然剝與復相倚．其更化之機章章然次第進行．通二百六十年間觀察之．有不可思議之一理趣出焉．非人力所能為也．順治康熙間．承前明之遺．夏峯梨洲二曲諸賢．尚以王學教後輩．門生弟子徧天下．則明學實占學界第一之位置．然晚明偽王學猖狂之習．已為社會所厭勸．雖極力提倡．終不可以久存．故康熙中葉遂絕跡．時則考據家言．雖始萌芽．顧未能盛．而時主所好尚．學子所崇拜者．皆言程朱學者流也．宋學占學界上第一之位置．顧亭林日勸學者讀注疏．為漢學之先河．其時學者漸厭宋學之空疏武斷．而未能悉折衷於遠古．於是借陸德明孔沖遠為嚮導．故六朝三唐學實占學界上第一之位置．惠戴學行．謂漢儒去古最近．適於為聖言通鞮象．一時靡其風．家稱賈馬．人說許鄭．則東漢學占學界上第一之位置．莊劉別興．魏邵繼踵．謂晚出學說非眞．而必溯源於西京博士之所傳．於是標今文以自別於古．與乾嘉極盛之學派挑戰．亦不徒今文家然也．陳碩甫作詩疏．亦申毛黜鄭．同為古學．而必右遠古．鄭學日見掊擊．而治文字者．亦往往據鼎彝遺文以糾叔重．則西漢學占學界第一之位置．乾嘉以還學者．多讎正先秦古籍．漸可得讀．二十年來．南海言孔子改制創新教．且言周秦諸子皆改制創新教．（見南海所著孔子改制考卷二卷三）於是於孔教宗門以內．有游夏孟荀異同優劣之比較．（南海尊禮運大同義謂傳自子游其衍為子息孟子荀子非十二子篇其非思孟之言曰以為仲尼子游為茲厚於後世是其證也子夏傳經其與荀卿之淵源見於漢書藝文志故南海謂子游受微言以傳諸孟子子夏受大義以傳荀子微言為太平盛世大同教大義為升平世小康教因此導入政治問題美孟而劇荀發明當由專制進為立憲共和之理其言有倫脊先排古文以追孔子之大義次排荀學以追孔子之微言此南海所以與井研漢也井言為無意識之排古南海則有所為而排之以求達一高尚之目的也謗者或以為是康教非孔教顯禮運孟子公羊傳之言不可得削也就令非孔子而為康所託其託之也則亦於社會上有絕大關係明矣夫在今日雖以小學校之學僮固莫不口英美之政體手盧孟之著書矣二十年前昌言之者誰耶知之者或多昌之者惟一或又曰南海欲言則自言之耳何必託於孔子夫南海之於孔子固心悅誠服者謂彼為託彼不任受也抑亦思今日國中聞立憲共和之論而卻走者尚占大多數二十年前不引徵先聖最有力之學說以為奧援安能樹一壁壘與二千年之勍敵抗耶孟子曰知人論世烏可以今而例昔也鄙人非阿其所好顧以為今後之學界對於南海總當表謝意此公言也今之青年能譯讀南海所未讀之新書能受習南海所未受之學說固也顧其所發明所心得吾猶未知視南海何如以吾所見南海所著之大同學其淵眇繁賾之理想恐尚非今之青年所能幾也（南海在印度始寫定之吾今春在香港始見之其通於世間出世間而斟酌不二法門實有不可思議者存吾未能多讀西書究所已見者則南海之書猶為創說也以太駭俗且當今日政界學界無秩序之時發布之必更滋流弊故只得秘之其手寫本今在順德麥孟華所）藉曰過之也亦地位所宜然二十年後後輩之視我等亦猶我等視二十年之前輩也不然今日日本之學生任舉一人其所稗販之學說豈不多於福澤諭吉耶非吾敬南海而欲強國人以敬南海即吾於南海之說其不肯苟同者固往往有焉矣顧其惠我以思想界之感化者則烏可忘也吾以為吾輩對於前輩之學說有粗略者則補助之其有不同意者則駁正之皆應盡之義務也若囂囂然挾其一得相率以輕薄之言横相譏刺甚乃毛舉細故為人身之攻擊適見其敖而澆耳孔子曰民德歸厚矣以不厚為學風夫豈學界之吉祥善事耶又近世新學者流動輒以排孔為能夫以支配二千年人心之一巨體一旦開其思想自由之路則其對之也有矯枉過直之許論是誠所難免即鄙人於數年前保教之迷信固亦棄擲之矣雖然日日掊擊孔子試問於學術前途果有益乎夫今後國人之思想其必不能復以二千年之古籍束縛之也洞若觀火矣然則孔子學說無論如何斷不能為今後進步之障而攻之者豈復有所不得已者存也彼狂妄少年肆口嫚罵者無傷於日月不足道也而一二魁儒之必與孔子為難者則於舊輪理有所不滿意謂孔教以家族為單位使我國久困宗法社會不能入國民社會者孔子也謂孔子假君主以威權使二千年民賊得利用之以為護符者孔子也斯固然也會亦思天下為公選賢與能不獨親其親不獨子其子非孔子之言耶在排孔者曷嘗忘諸顧隱而不言而惟舉其可難者以相難則或有所為而亢世子法於伯禽或侈其辯以為名高耳夫二千年來之倫理固一出於孔子小康教範圍之內而孔子著述言論其屬於小康範圍者十而八九此無容諱者也然謂此為孔子獨一無二之教指甯可謂平春秋必立三世則何以故也禮運豈不明言丘未之逮而有志也試思孔子當日之社會羣雄角立同族相競非希望得一強大之中央政府何以為治而社會結合力薄弱之時家族制度又安可闕也孔子不欲導民以進化則已耳苟其欲之則安能躐小康之一階級故大同之義只能微言之虛懸以俟後聖是得為孔子罪矣乎我輩今日若以為小康之統既積久而蔽不適於今也則發其微言可耳計不出此而以國人最信仰之人物資敵使民賊得盾焉以號召中立黨而弱我吾未見其利而先睹其害耳且一民族之心理必有所繫然後能結合而為有秩序之進步今當青黃不接之交學者方假假無適從而先取一最有價值之人物而踣之在立言者之意曷嘗不欲補偏救弊棄短取長期奈何之者必變本加厲一嘯而百唫一趨而百奔乃將曰彼號為聖人百世師者其學識乃尚不及我其訓言安足信其所謂道德之責任安足守聖人百世師且然他更何論矣嗚呼是豈不舉天下而洪水猛獸之也今者其機已大動矣仁

人君子可無懼耶美總統盧斯福演說嘗有言謂業報館者作煽動之文字最受一般之歡迎而於國家無益作忠實之文字最受一般之冷視而國家終收良結果焉（盧氏業報館二十年自道其經驗）吾以為排孔論與夫與排孔論同性質者皆煽動之也鄙人昔者固嘗好為之矣今則甯受多數之冷視不願受無益之歡迎亦欲與中國有言責者共商榷之偶有所觸言之曼衍與標題之旨幾為風馬牛讀者諒其為忠實之言不奇責焉固所望也

於孔教宗門以外有孔老墨及其他九流異同優劣之比較．凡所謂辨．悉從其朔．故先秦學占學界第一之位置．今更表列其變遷之狀．

第一期	順康間	程朱陸王問題
第二期	雍乾嘉間	漢宋問題
第三期	道咸同間	今古文問題
第四期	光緒間	孟荀問題孔老墨問題

上表不過勉分時代其實各期銜接攙雜有相互之關係非能劃若鴻溝讀者勿刻舟求之

由此觀之．本朝二百年之學術．實取前此二千年之學術．倒影而繅演之．如剝春筍．愈剝而愈近裏．如啖甘蔗．愈啖而愈有味．不可謂非一奇異之現象也．此現象誰造之．曰社會周遭種種因緣造之．凡一社會之秀異者．其聰明才力必有所用．用之於一方既久．則精華既竭．後起者無復自樹立之餘地．故思別闢新殖民地以騁其腦識．宋學極盛數百年．故受以漢學．漢學極盛數百年．故受以先秦．循茲例也．此通諸時代而皆同者也．其在前兩期．則霸者之所以監民也至嚴．學者用其聰明才力於他途．或將以自焚．故不得不自錮於無用之用．此惠戴所以代朱王也．其在第三期．天下漸多事．監者稍稍弛．而國中方以治經為最高之名譽．學者猶以不附名經師為恥．故別出一途以自重．吾欲名惠戴一派為純正經學．名龔魏一派為應用經學．雖似戲言．實確論也．其在第四期．

則世變日亟。而與域外之交通大開。世變亟。則將窮思其所以致此之由。而對於現今社會根本的組織。起懷疑焉。交通開。則有他社會之思想輸入。以爲比較。而激刺之淬厲之。康譚一派。所由起也。要而論之。此二百餘年間。總可命爲古學復興時代。特其興也。漸而非頓耳。然固儼然若一有機體之發達。至今日而葱葱鬱鬱。有方春之氣焉。吾於我思想界之前途。抱無窮希望也。

道咸同間。今文學雖興。而古文學尚不衰。往往有名其家者。說詳前節。治經之外。則金石一學。幾以附庸蔚爲大國。郡國往往於山川得鼎彝。雖眞贋間雜。然搜討之勤。亦足多也。西人治史者。皆以此爲一重要之補助學科。前輩致力於此。爲將來撰國史者儲材。致可感謝矣。如最近發見龜甲文字。可爲我族民與巴比倫同祖之一證。孰謂其玩物喪志也耶。咸同間好之者徧天下。而福山王蓮生。（祖榮）吳縣潘伯寅。（祖蔭）滿洲盛伯熙。（昱）最名其家。又古佚書亦史學補助學科所必需。輓近以來。輯佚學大盛。亦爲後史造資料。最博備者。則烏程嚴景文（可均）之全上古三代漢魏文。歷城馬竹吾（國翰）之玉函山房輯佚書。自龔定庵好言佛。而近今學界代表之數君子。大率與定庵有淵源。故亦皆治佛學。如南海。壯飛。及錢塘夏穗卿（曾佑）其人也。雖由其根器深厚。或其所證過於定庵。要之定庵爲其導師。吾能知之。定庵與學界之關係。誠複雜哉。

天算之學。自王寅旭梅定九大啓其緒。爾後經師。殆莫不明算。故諸實用科學中。此爲獨盛。阮氏（元）疇人傳。羅氏（士琳）疇人傳補。備載之。咸同間。則海甯李壬叔（善蘭）金匱華若汀（衡芳）最名家。壬叔續譯成幾何原本。若汀譯奈端數理。未卒業。（若汀先生於丁酉冬以其所譯奈端數理屬鄙人使校印之未印而戊戌難作行篋書物悉散佚茲編與焉七年來耿耿負疚不能去懷徽聞此編未遭浩刦爲競賣者所得未知今歸誰氏海內君子有藏之者幸付梓人公之於世既以惠我學界亦使鄙人對於譯者得贖重咎也）

海禁既開。譯事萌蘖。游學歐美者。亦以百數。然無分毫影響於學界。惟侯官嚴幾道（復）譯赫胥黎天演論。斯密亞丹原富等書。大蘇潤思想界。十年來思想之丕變。嚴氏大有力焉。顧日本慶應至明治初元。僅數年間。而泰西新學。披靡全國。我國閱四五十年。而僅得獨一無二之嚴氏。雖曰政府不良。有以窒之。而士之學於海外者。毋亦太負祖國耶。戊戌庚子以還。日本江戶。爲懋遷新思想之一孔道。踰海負笈。月以百計。學生闐黌塾。譯本如鯽魚。言論驚老宿。聲勢懾政府。自今以往。思想界之革命。沛乎莫之能禦矣。今始萌芽。雖厖雜不可方物。莫能成一家言。顧吾儕今日只能對於後輩而盡播種之義務。耘之穫之。自有人焉。但使國不亡。則新政府建立後二十年。必將有放大光明。持大名譽於全世界學界者。吾訶諸我先民。吾能信之。雖然。吾更欲有一言。近頃悲觀者。流見新學小生之吐棄國學。懼國學之從此而消滅。吾不此之懼也。但使外學之輸入者果昌。則其間接之影響。必使吾國學別添活氣。吾敢斷言也。但今日欲使外學之眞精神普及於祖國。則當轉輸之任者。必邃於國學。然後能收其效。以嚴氏與其他留學歐美之學僮相比較。其明效大驗矣。此吾所以汲汲欲以國學爲我青年勸也。

飲冰室叢書

中國學術思想變遷之大勢

作　　者／梁啓超　著
主　　編／劉郁君
美術編輯／鍾　玟

出 版 者／中華書局
發 行 人／張敏君
副總經理／陳又齊
行銷經理／王新君
地　　址／11494 台北市內湖區舊宗路二段181巷8號5樓
客服專線／02-8797-8396　　　傳　　真／02-8797-8909
網　　址／www.chunghwabook.com.tw
匯款帳號／華南商業銀行　西湖分行
179-10-002693-1　中華書局股份有限公司

法律顧問／安侯法律事務所
製版印刷／維中科技有限公司　海瑞印刷品有限公司
出版日期／2018年11月台二版
版本備註／據1956年10月台一版復刻重製
定　　價／NTD 200

國家圖書館出版品預行編目（CIP）資料

中國學術思想變遷之大勢/梁啟超著.--台二版.
-- 臺北市:中華書局, 2018.11
面；　公分. --（飲冰室叢書）
ISBN 978-957-8595-04-0(平裝)

1.思想史 2.中國哲學史

112　　107016325

NO.L0006
ISBN 978-957-8595-04-0（平裝）